AI와 산업의 전략적 사고

인공지능총서

인공지능 시대입니다. 기계가 인간의 인지를 대신하고, 사물이 인간을 통하지 않고 다른 사물과 직접 커뮤니케이션합니다. 이에 따른 인간 삶과 문명 변화를 정확히 이해·예측·대응하는 것은 이 시대 우리 모두의 과제입니다. 인공지능총서는 인공지능 기술과 환경의 여러 주제를 10가지 키워드로 정리합니다. 관련 개념과 이론, 학계와 산업계의 쟁점, 우리 일상의 변화를 다룹니다. 인간과 기술의 현재, 미래를 세심히 분석합니다.

일러두기

- 인명, 작품명, 저서명, 개념어 등은 한글과 함께 괄호 안에 해당 국가의 원어를 병기했습니다.
- 외래어 표기는 현행 어문규정의 외래어표기법을 따랐습니다. 다만 '라벨링' '오리지널리티' 등은 관행을 따랐습니다.
- 이 책의 서문, 1장, 4장은 서원민이, 2장, 9장은 남석현이, 3장, 8장은 류태준이, 5장, 10장은 박혜민이, 6장, 7장은 윤혜련이 저술했습니다.

처음이세요?

전문가세요?

AI와 산업의 전략적 사고

류태준·남석현·박혜민·서원민·윤혜련

대한민국, 서울, 커뮤니케이션북스, 2025

AI와 산업의 전략적 사고

지은이 류태준·남석현·박혜민·서원민·윤혜련
펴낸이 박영률

초판 1쇄 펴낸날 2025년 9월 15일

커뮤니케이션북스(주)
출판 등록 2007년 8월 17일 제313-2007-000166호
02880 서울시 성북구 성북로 5-11
전화(02) 7474 001, 팩스(02) 736 5047
commbooks@commbooks.com
www.commbooks.com

ISBN 979-11-430-0816-9 03500

책값은 뒤표지에 표시되어 있습니다.

차례

AI가 몰려온다, 우리의 전략은?

언캐니 밸리

우리는 어떤 대상이 인간과 유사한 모습과 행동을 보일 때 더 큰 호감을 느낀다. 그렇기 때문에 식물보다는 동물에 더 쉽게 정이 가고, 동물들이 사람 같은 행동을 보일 때 많은 이들이 그 모습을 귀엽다고 여긴다. 하지만 이러한 '인간과의 유사성'이 지속적으로 커지다 보면, 어느 순간 매우 불쾌한 감정이 드는 지점을 만나게 되는데, 이를 '언캐니 밸리(Uncanny Valley)', 즉 '불쾌한 골짜기'라고 부른다. 일본의 로봇공학자 모리 마사히로(森政弘, Mori Masahiro, 1927~)가 1970년 처음 주장한 이 개념('不気味の谷')은, 우리가 왜 좀비나 귀신을 무서워하고, 어설프게 인간을 닮은 휴머노이드 로봇의 외형을 불편하게 느끼며, 왁스로 만들어진 밀랍 인형의 웃는 얼굴을 기괴하게 여기는지를 설명해 준다.

'언캐니 밸리'라는 현상이 발생하는 근원은 '잘 모르는 것에 대한 공포심'에 있다. 어딘가 사람 같지만 사람 같지 않은 존재는 우리의 정확한 판단을 어렵게 만들고, 이러한 판단의 회색 지대 속에서 우리는 막연한 불안과 두려움을 느끼게 된다. 하루가 다르게 쏟아지는 수많은 AI 관련 뉴스들을 접하며, 오늘날 많은 사람들이 바로 이 '언캐니 밸리'에 빠져 있는 듯한 감정을 경험하고 있다. AI는 빠르게 인간과 닮아 가고 있으며, 이미 일반인의 상식으로는 이해하기 어려운 영역을 넘어선 것처럼 보인다. 그리고 이러한 판단 불능은 실제 산업 현장에서 변화를 마주하고 있는 실무자들에게 막연한 불안감과 거부감을 불러일으키고 있다. 내가 쉽게 이해하거나 판단할 수 없는 AI 기술의 잠재력, 사람의 성과와 구분되지 않을 정도로 뛰어난 AI의 퍼포먼스를 마주하며 '내 일도 곧 AI가 대체하는 것이 아닐까?'라는 불안은 산업 현장 곳곳으로 퍼져 가고 있다. 기특하고 유용해 보이던 AI는 이제 불쾌하고 두려운 존재로 변해 가고 있는 것이다.

그렇다면 이 정보의 회색 지대를 살아가는 산업 현장의 실무자들에게는 무엇이 가장 필요할까? 이 막연하고 불쾌한 '언캐니 밸리'에서 벗어나기 위해 우리는 무엇을 해야 할까? AI에 대한 완벽한 이해가 있다면, 우리는 이 불안감을 해소할 수 있을까? 모든 실무자가 AI 기술을 완전히 숙지하게 된다면 막연한 두려움은 사라질까? 많은 질문이 떠오르지만, 현실적으로 산업 현장의 모든 구성원에게 높은 수준의 기술적 이해를 요구하는 것은 불가능할 뿐만 아니라 기술에 대한 이해만으로 현장의 모든 문제를 해결할 수 있는 것도 아니다. 자동차를 안전하게 운전하기 위해 필요한 것은 자동차 메카닉에 대한 완벽한 이해가 아니라 정확한 운전 능력이듯, AI 또한 '어떻게 작동하는지'보다 '어떻게 다룰 것인지'가 더 중요하다.

그래서 이 책은 AI 기술 자체보다는, 그 기술을 '어떻게 받아들이고 적용할 것인지에 대한 전략적 사고'에 집중하려고 한다. 산업 현장에서 AI를 기반으로 생산성과 경쟁력을 높이기 위해 필요한 것은, 기술적 지식보다 오히려 '변화를 바라보는 관점'이다. 즉, AI로 인한 불쾌한 골짜기를 건너기 위해 우리에게 가장 먼저 필요한 것은 상세한 설명서가 아니라 AI 기술을 바라보는 새로운 '생각의 프레임'이다.

〈진주 귀걸이를 한 소녀〉와 카메라 옵스큐라

지난 2003년 개봉한 〈진주 귀걸이를 한 소녀(Girl with a Pearl Earring)〉는 네덜란드의 유명 화가 얀 페르메이르(Jan Vermeer)의 동명의 회화 작품을 모티브로, 영국 소설가 트레이시 슈발리에의 동명 소설을 각색한 시대극이다. 페르메이르의 그림은 '북유럽의 모나리자'라고 불릴 정도로 세계적으로 유명하지만, 그림 속 주인공에 대해서는 알려진 바가 없었기 때문에, 개봉 당시 관객들에게 크게 사랑을 받았던 작품이다. 영화는 17세기 당시 그림을 그리는 작업 과정이 세밀하게 묘사되면서 많은 주목을 받았는데, 그중 특히 관객의 눈길을 끌었던 장면은 페르메이르가 '카메라 옵스큐라(Camera obscura)'를 그림 도구로 사용하는 모습이었다.

카메라 옵스큐라는 어두운 상자에 작게 구멍을 뚫어, 그 구멍을 통과한 빛이 상자 속에 상을 맺히게 만드는 장치로 오늘날 카메라의 시초가 되는 도구다. 페르메이르는 더 좋은 그림을 그리기 위해 당시 첨단 기기인 카메라 옵스큐라를 적극적으로 활용한다. 영화에서는 정밀한 구도로 그림을 그릴 대상을 실제 공간에 배치한 뒤에 카메라에 맺힌 상을 바탕으로 그림을 그려 내는 모습이 자세하게 묘사된다. 주인공인 하녀 그리트는 이 과정을 매우 신기하게 여기며, 카메라에 맺힌 상을 처음 보고 무척 놀라워한다. 하지만 지금의 상식으로 생각해 보면, 이렇게 그림을 그리는 작업 공정은 어딘가 조금 이상한 느낌이 든다. 카메라에 맺힌 상을 따라 그대로 그려 내는 것을 과연 '그림을 그린다'라고 할 수 있을까?

현대의 기준으로 보면 페르메이르의 행동은 오늘날의 카메라가 하고 있는 작업을 단순히 인력을 통해 재현하는 것에 불과하다고 볼 수 있다. 그런 관점에서 이 작업을 '그림을 그리는 것', 더 나아가 '예술적 활동'의 일부분으로 인정하기는 어렵다. 오히려 화가가 자신의 예술적 영역을 드러낼 수 있는 부분은 카메라로 보이는 상을 정확히 따라 그리는 능력이 아니라 그릴 대상의 구도를 잡고, 빛을 통제하고, 이를 색채화하는 것에 국한된다고 볼 수 있다. 이 지점에서 매우 흥미로운 장면이 등장한다. 바로 화가인 페르메이르뿐만 아니라 그림에 대해 아무것도 모르는 하녀 그리트에게도 예술가적 자질이 있음을 보여 주는 것이다. 그녀는 그림을 그리는 기술적인 능력을 갖추고 있지 않지만, 화가의 구도에 이견을 보이고, 색채와 빛을 조절하는 부분에 새로운 의견을 제시한다. 이런 능력에서 어쩌면 미래의 카메라의 시대에 그녀는 페르메이르보다 더 뛰어난 예술가가 되었을 수도 있었을 것이다.

영화 속 17세기 유럽의 모습에 AI 기술을 대하는 오늘날 우리의 모습이 겹친다. 특히 '생성형 AI(Generative AI)'가 보여 주는 대단한 결과물들은 영화 속 하녀 그리트처럼 우리를 매 순간 깜짝 놀라게 한다. "이 사람이 실존 인물이 아니라 AI로 만들어진 가상의 인물이라니", "이 정도의 특수 효과 영상을 실제 제작하려면 수억 원이 들 텐데, AI는 몇 분 만에 이런 걸 만들어 내다니." 인간을 뛰어넘는 기술력으로 AI는 매일 놀라움과 공포를 안겨 준다. 하지만 거기까지다. 이러한 데모 타입의 결과물들이 예술적으로 어떤 의미가 있는지, 콘텐츠로서 어떤 매력을 갖고 있는지, 상업적으로 어떤 성과를 만들어 낼 수 있는지는 기술이 해결해 줄 수 있는 영역이 아니다. 적어도 AI와 관련해 아직 우리는 카메라에 맺힌 이미지를 따라 그리며 놀라운 시대가 왔다고 신기해하는 단계에 머물러 있는 것 같다. 옛 화가들에게 카메라 옵스큐라가 세상을 보다 정확히 모사할 수 있는 혁신적인 도구였던 것처럼, '크리에이터'들에게 생성형 AI 프로그램들은 이전의 작업들을 보다 효율적으로 확장할 수 있는 훌륭한 도구가 될 수 있을 것이다. 하지만 생성형 AI가 진정 이 시대의 카메라 옵스큐라라고 한다면, 영화 속 그리트같이 기존의 질서 속에서 '크리에이터'로 인정받지 못한 새로운 크리에이터가 등장해야 하지 않을까? AI를 통해 '기존 방식'의 틀을 깨고 새로운 프레임을 만들어 낼 수 있을 때, 비로소 산업적으로 의미 있는 혁신이 이뤄지지 않을까?

사람들은 기술을 사는 게 아니라 문제 해결을 산다

하버드 비즈니스 스쿨의 클레이턴 크리스텐슨(Clayton M. Christensen)은 《일의 언어(Competing Against Luck)》(2016)에서 '진정한 혁신은 해결해야 할 문제(Jobs to be done)를 명확히 하는 것에서부터 시작된다'고 했다. 다시 말해, 사람들은 새로운 기술이나 상품 자체에 관심을 갖는 것이 아니라 그 새로운 기술이 나의 어떤 문제를 해결해 줄 수 있는지에 관심을 갖는다는 것이다. 이러한 주장을 뒷받침하기 위해 책에서는 '맥도널드의 밀크셰이크 사례'가 등장한다. 맥도널드는 밀크셰이크의 매출을 올리기 위해 광범위한 소비자 조사를 바탕으로 다양한 신제품을 만들어 냈지만, 결과가 좋지 못했다. 소비자들이 왜 밀크셰이크를 구매하는지, 그들이 밀크셰이크를 통해 해결하려는 문제가 무엇인지 정확히 파악하지 못했기 때문이다. 이에 소비자들의 행동을 면밀하게 관찰한 결과, 오전과 오후의 구매 목적이 다르다는 것을 알아낼 수 있었다. 오전에는 출근길에 간단한 요기와 긴 운전의 지루함을 해결하기 위한 목적으로 밀크셰이크를 구매했고, 오후에는 아이들을 위한 후식이나 보상 아이템으로 밀크셰이크를 구매하는 것을 발견했다. 즉, 같은 상품이지만 시간대에 따라 소비자들이 해결하려는 문제가 달랐던 것이다. 이를 바탕으로 시간대에 맞게 각각 다른 성격의 맞춤형 제품을 출시함으로써 맥도널드는 마침내 목표한 바를 달성할 수 있었다.

이러한 관점에서 볼 때, 혁신은 기존에 없던 새로운 기술(상품, 방법론 등)을 만들어 내는 것뿐만 아니라 이를 통해 해결해야 할 문제를 정확하게 '발견'할 때 비로소 이뤄질 수 있다고 볼 수 있다. 해결해야 할 문제를 찾지 못한다면, 그 어떤 새로운 기술도, 새로운 제품도 무용지물일 뿐이다. 그렇다면 우리는 AI 기술을 바탕으로 현장에서 어떤 문제를 해결할 수 있을까? AI의 기술적 차별점 및 우수성을 강조하는 이야기들은 넘치도록 많이 들을 수 있지만, 이를 바탕으로 내가 어떠한 문제를 해결할 수 있는지에 대한 논의는 상대적으로 빈약하다. 이처럼 기술이 먼저 등장했지만, 사람들이 그 기술을 무엇을 위해 쓸 것인지를 명확하게 규정하지 못했을 때, 새로운 기술은 종종 장난감처럼 가볍게 소비되곤 한다.

아이폰의 등장으로 본격적인 스마트폰의 시대, 앱스토어의 시대가 열렸을 때, 많은 사람들은 인터넷에 연결되고, 전화도 되며, 음악도 들을 수 있는 스마트폰이 가져올 미래에 크게 공감하며 앞다퉈 시대의 변화에 동참했다. 하지만 초기에 대중들에게 주목받은 앱 서비스들을 살펴보면, 대부분의 사람들은 '이 스마트폰으로 뭘 할 수 있는지'는 잘 몰랐다고 볼 수밖에 없다. TV 리모컨을 스마트폰으로 대체할 수 있게 해주는 앱이나, 자이로센서를 활용해서 화면을 기울이면 마치 맥주를 마시는 것처럼 보이는 앱, 또는 흔들거나 터치하면 화면 속의 불이 꺼지는 라이터 앱들이 초반에 큰 인기를 끌었는데, 스마트폰의 잠재적 기능에 비하면 굉장히 단편적이고 단순한 활용 방법들이 먼저 주목을 받았다. 이러한 현상은 오늘날에도 AI 기술을 받아들이는 시점에 똑같이 재현되고 있다.

2025년 들어 가장 많은 사람들을 챗GPT(ChatGPT) 앞으로 불러들인 사건은 '지브리풍 이미지 만들기'였다. 내 사진을 올려 지브리풍의 이미지로 변환시키는 경험에 남녀노소를 불문하고 다양한 사람들이 참여했고, 본인들의 SNS 프로필 사진을 교체하는 유행에 동참했다. 이러한 인기는 비단 우리나라만의 일이 아니어서, 급기야 오픈AI(OpenAI)의 최고경영자(CEO) 샘 올트먼이 직접 나서 "GPU가 녹아내리고 있다"고 이야기할 정도였다. 또한 젊은이들을 대상으로 챗GPT를 활용해 사주나 궁합을 본다거나, 별자리 운세 등을 확인해 보는 일들이 빠르게 확산되고 있다는 이야기도 들려온다. 이러한 단순한 경험들은 챗GPT 같은 대규모 언어 모델(LLM, Large Language Model) 서비스들이 가지고 있는 잠재적인 능력에 비하면 매우 단편적이고 일견 쓸모없는 행위처럼 보이기도 한다. 아직까지 대다수의 사람들에게 LLM은 단순한 놀잇감 혹은 호기심 해소용으로만 사용된다고 볼 수 있다. 오늘날 AI의 활용이 이처럼 장난처럼 보이는 이유는 우리가 이 기술을 어떤 문제 해결에 '고용' 해야 하는지 아직 구체화하지 못했기 때문이다. 따라서 지금 단계에서 우리에게 우선 필요한 것은 'AI가 뭘 할 수 있는지'에 대한 이야기보다는, '내가 AI로 어떤 문제를 해결할 수 있는지 명확히 하는 것'이다.

수용자 입장에서 바라본 캐즘 이론

새로운 기술이 등장한다고 해서 곧바로 실무 현장에까지 적용되는 것은 아니다. 아무리 유용하고 효과적인 새로운 기술이라도, 실제로 이 기술을 직접 사용하는 사람들에게 받아들여지기 전까지는 일정한 시간이 필요하다. 이를 이론적으로 정리한 것이 이른바 '캐즘 이론(Crossing the Chasm)'이다. 미국의 경영 컨설턴트 제프리 무어(Geoffrey Moore)가 벤처 기업의 성장 전략을 설명하기 위해 주장한 '캐즘'이라는 개념은, 새로운 기술이나 제품이 시장에서 받아들여지기까지 넘어야 하는 일종의 침체기를 의미한다. 기존의 에버렛 로저스(Everett Rogers)의 기술 수용자 구분 개념을 확장해, 새로운 기술이 시장에 받아들여지는 과정 중에 '결정적인 실패 지점(Chasm)'이 존재한다고 본 것이다.

이 이론에 따르면 일반적으로 새로운 기술이 시장에 등장할 때 다섯 가시 유형의 소비자들을 거쳐 시장에 수용된다. 혁신가 그룹(Innovator), 초기 수용자 그룹(Early Adopters), 초기 다수 수용자 그룹(Early Majority), 후기 다수 수용자 그룹(Late Majority), 지각 수용자 그룹(Laggards), 이렇게 다섯 가지 유형으로 구분된 소비자 그룹에서 가장 적은 비중을 차지하는 '혁신가 그룹'은 위험을 감수하고 새로운 기술을 빠르게 도입하는 사람들이다. 이들의 빠른 시도를 통해 어느 정도 새로운 기술이 갖는 매력과 비전이 증명되면, 이어서 '초기 수용자 그룹'에 의해 이 기술은 빠르게 확산되기 시작한다. 그리고 이러한 확산이 '초기 다수층'으로 이어지면, 기술은 마침내 시장에서 지배적 위치에 오르게 된다.

제프리 무어는 바로 초기 수용자 그룹에서 초기 다수층으로 확산되는 이 지점에 캐즘, 즉 단절이 존재한다고 주장한다. 새로운 기술로 시장에 도전했던 많은 벤처, 스타트업 기업들이 이 단계를 넘지 못하고 실패하게 된다고 분석한 것이다. 캐즘이 존재하는 가장 큰 이유는 초기 수용자 그룹과 초기 다수층이 새로운 기술을 도입하려는 니즈 자체가 다르기 때문이다. 초기 수용자 그룹은 '새로움과 가능성'의 가치를 높이 평가하는 집단이다. 이들은 리스크가 있더라도 '새로운 것'을 시도해 보려는 경향이 강하다. 반면 초기 다수층은 새로운 기술의 실용성을 기준으로 기술 수용 여부를 판단하는 집단이다. 직접적인 효과가 발생하는지, 기술을 신뢰할 수 있는지, 리스크가 충분히 낮은지 등이 이들의 주요 판단 기준이다. 캐즘에 머무르는 것을 막기 위해, 새로운 기술을 시장에 선보이는 기업은 실질적이고 확실한 성공 사례를 바탕으로 기술의 실용성을 빠르게 입증해야 한다고 제프리 무어는 이야기하고 있다. 즉, 새로움과 실용성이라는 상반된 가치가 융합될 때, 시장에서 의미 있는 진정한 혁신이 이뤄질 수 있다고 본 것이다. 공급자 관점에서 만들어진 이 이론을 기술 수용자 입장에서 바라보면, AI 기술을 적용하는 데 우리에게 어떤 태도가 필요한지에 대해서도 생각해 볼 수 있다.

새로운 기술을 수용하는 입장에서, 이 기술을 '아는

것'과 '사용할 수 있는 것'은 반드시 구분해야 한다. AI에 관해서는 무수히 많은 언론 기사가 쏟아지고 있고, 이를 기반으로 한 놀라운 결과물들은 유튜브 등에서 얼마든지 찾아볼 수 있다. 우리는 이러한 소식들을 익히 들어서 잘 알고 있지만, 그렇다고 스스로가 충분히 AI를 사용하고 있다고 선뜻 말하기 어려운 것 또한 사실이다. 새로운 기술을 공급하는 입장이 아닌 수용자 입장에서도 '알고 있는 것'과 '사용하는 것' 사이에 캐즘이 존재한다고 볼 수 있는 것이다. 제프리 무어의 캐즘 이론에서처럼 이 단계를 극복할 수 있는 방법은 역시 실용성에 있다. 많은 사람들이 AI가 갖는 막대한 잠재력과 가능성을 잘 알고 있다고 말하지만, 막상 자신의 업무에 효과적으로 사용하려고 하면 막막함이 앞서는 것이 현실이다. 결국 AI가 왜 나에게 필요한가, 지금 내가 가진 문제를 어떻게 효과적으로 해결해 줄 수 있는가에 대한 실용적인 질문에 답을 찾을 수 있어야, AI가 가져올 변화를 내 것으로 만들 수 있다.

우리가 이 책에서 이야기하고자 하는 것도 바로 이 지점이다. 기술을 이해하는 것이 목적이 아니라 그 기술을 자신의 업무에 '어떻게 고용할 것인가'를 전략적으로 사고하는 것. AI가 더 이상 먼 미래의 기술이 아니라 지금 우리의 경쟁력과 연결되는 기술이라면, 우리는 그 기술의 설명서가 아니라 그 기술을 활용할 수 있는 사고의 프레임을 먼저 갖추어야 한다. 그래야만 수용자 입장에서의 캐즘을 넘어, AI를 실질적으로 활용할 수 있는 방법들을 만들어 나갈 수 있을 것이다.

산업을 바꾸는 건 비즈니스 전략

많은 사람들이 토머스 에디슨(Thomas Edison)을 발명왕으로 기억한다. 전구와 축음기 등 전기를 활용한 다양한 제품들을 발명함으로써 현대 사회에 큰 기여를 했다고 생각하기 때문이다. 하지만 그는 최초로 전구를 만든 사람도 아니었고, 전기의 발견도 그 이전에 마이클 패러데이(Michael Faraday)에 의해 이뤄진 것이며, 현대 전기 사용의 근간을 이루는 교류 시스템을 만든 사람은 오히려 에디슨과 반대편에 서 있었던 니콜라 테슬라(Nikola Tesla)로 알려져 있다. 심지어 에디슨의 발명품으로 알려진 것들 중 절반 이상이 다른 사람에 의해 개발되었다는 이야기도 있다. 그렇다면 에디슨은 왜 이렇게 유명해진 걸까? 에디슨은 전구를 상업적으로 사용할 수 있게 개량했고, 전력 공급망, 요금 체계, 도시 조명 시스템 등 '전기라는 기술을 비즈니스로 엮어 내는 구조'를 만들어 냈기 때문이다. 전구 하나의 성능이 아니라 그 기술이 작동할 수 있는 생태계를 전략적으로 구축한 것이다. 이런 관점에서 보면 에디슨에게는 발명가보다 사업가라는 타이틀이 더 어울린다고 볼 수 있다.

같은 맥락에서 스티브 잡스(Steve Jobs)와 제록스(Xerox)의 일화도 예로 들 수 있다. 1970년대 제록스는 당대 최고의 연구소인 PARC(Palo Alto Research Center)를 보유하고 있었고, 이곳에서 그래픽 사용자 인터페이스(GUI, Graphical User Interface), 마우스, 아이콘 기반 컴퓨팅 같은 오늘날 컴퓨터 기술의 표준이 되는 발명들을 이미 만들어 냈다. 하지만 제록스는 이러한 기술들을 시장에 맞게 산업화하지 못했고, 내부 시연 수준의 성과에 만족해야만 했다. 반면 잡스는 이 기술들을 보자마자 대중 시장을 위한 개인용 컴퓨터로 재구성했고, 오늘날 컴퓨터 사용의 근간이 되는 시스템을 바탕으로 개인용 컴퓨터라는 새로운 산업의 문을 열 수 있었다. 이 경우에도 발명은 제록스가 했지만, 산업을 바꾼 건 애플이었다. 결국 기술 그 자체보다 그 기술을 어떤 전략으로 시장에 구현해 내느냐가 산업을 움직이는 진정한 힘이다.

이처럼 기술이 뛰어난 것과 산업을 변화시키는 것은 별개의 문제다. 아무리 뛰어난 새로운 기술도 산업적으로 의미 있는 구조를 만들어 내지 못하면 사회적 혁신으로 이어지기 어렵다. 새로운 기술 표준을 둘러싼 경쟁에서도 마찬가지다. 같은 비전을 추구하는 경쟁 속에서도 사회적 표준으로 인정받게 되는 기술이 항상 '가장 좋은 기술'이었던 적은 드물다. 1980년대 비디오테이프 시장에서 기술적 우위를 지닌 소니(Sony)의 '베타맥스(Betamax)'는 보다 개방적인 비즈니스 전략을 취한 VHS(Video Home System)에게 시장 표준의 자리를 빼앗겼고, 타자기의 잔재로 남아 있는 QWERTY 키보드는 인체공학적인 비효율성이 지속적으로 지적됨에도 여전히 전 세계 표준 자판 시스템으로 남아 있다. 이처럼 산업의 변화를 이끄는 것은 '기술적 진보'만으로 이뤄지지 않으며, 이는 AI도 마찬가지라 할 수 있다. 기술은 이미 충분히 뛰어나다. 하지만 그 기술을 "어디에, 어떻게 활용할 것인가"라는 전략적인 고민 없이는 산업의 변화로 이어질 수 없다.

이 책에서는 다양한 산업의 현장에서 AI로 인해 발생하고 있는 실질적인 변화의 모습들을 살펴보고, 각각의 현장에서 어떠한 전략적 고민이 필요한지를 이야기하려고 한다. 콘텐츠 제작, 제조, 보안 관제, 유통, 교육, 투자 등 다양한 산업의 현장에서 실제 플레이어로 뛰고 있는 실무자들의 눈을 통해, 각 현업에서 어떠한 전략적 선택과 판단이 이뤄지고 있는지를 살펴보며, 기술 중심의 흐름 속에서 전략의 본질과 역할을 다시 묻고자 한다.

참고문헌

Battison, J.(2025.2.5). Man who created iBeer drinking app was making insane amount of money at its peak. *LAD BIBLE*, https://www.ladbible.com/community/ibeer-app-iphone-money-creator-418764-20250205

Christensen, C. M. et al.(2016). *Competing against luck* : The story of innovation and customer choice. 이종인 옮김(2017). 《일의 언어 - 새로운 미래를 발견하는 문제 인식의 틀》. RHK.

Eveleth, R.(2013.9.2). Robots: Is the uncanny valley real?. *BBC*, https://www.bbc.com/future/article/20130901-is-the-uncanny-valley-real

Isaacson, W.(2011). *Steve Jobs*. Simon & Schuster. 안진환 옮김(2011). 《스티브 잡스》. 민음사.

Khollam, A.(2025.5.12). OpenAI's biggest surge since ChatGPT: AI Ghibli art "melts" GPUs as 1M users flood in. *Interesting Engineering*, https://interestingengineering.com/culture/opanai-gpus-melting-over-ghibli-art

Moore, G.(1991). *Crossing the chasm: Marketing and selling disruptive products to mainstream customers*. Harper Business Essentials. 윤영호 옮김(2015). 《제프리 무어의 캐즘 마케팅》. 세종서적.

Webber, P.(2003). *Girl with a pearl earring*. Pathé. 피터 웨버.

〈진주 귀걸이를 한 소녀〉(2003).

01
AI가 바꾼 산업 현장과 기술보다 전략인 이유

AI는 더 이상 미래의 기술이 아니라 산업 현장을 실질적으로 변화시키는 현재의 동력이다. 자동화, 데이터 기반 의사 결정, 개인화된 고객 경험 등은 이미 다양한 산업에 적용되고 있다. 하지만 이를 도입한 기업들은 예상만큼 충분한 성과를 내고 있을까? 기술은 수단일 뿐, 진정한 변화는 문제를 정의하고 방향을 설정하는 전략적 사고에서 비롯된다.

AI와 1인 창업?

미래가 아닌 현재, 산업 현장의 AI

AI는 기술에 민감한 일부 스타트업이나 실리콘 밸리 기업만의 이야기가 아니다. 우리는 이미 AI가 산업 전반에 걸쳐 다양한 변화를 가져오고 있는 시대에 살고 있다. 때로는 파격적으로, 때로는 우리가 느끼지 못할 정도로 자연스럽게 산업 현장 곳곳에서 AI로 인한 변화가 이뤄지고 있다. 전통적인 산업 현장에서도 AI는 일하는 방식, 의사 결정, 고객과의 접점을 근본적으로 변화시키고 있다.

대표적인 예가 물류 산업의 변화다. 국내 대표 유통 기업인 쿠팡은 2026년까지 총 3조 원을 투자해 AI를 활용한 새로운 물류 인프라를 구축할 계획이다. 이를 위해 쿠팡은 이미 수천만 건의 상품 수요를 AI로 사전 예측해 재고를 최적화하는 시스템을 운영하고 있으며, 구매 예상되는 상품을 가까운 물류센터로 미리 이동시키고 있다. 또한 상품 입고 시 최적의 진열 위치와 작업자 동선을 안내하는 시스템과, 무인 운반 로봇을 활용한 자동 분류 시스템까지 갖추고 있다. 이로써 전체 물류 시스템의 효율성을 높이고, 예측 가능한 운영 체계를 통해 리스크를 최소화하고 있다.

의료 현장에서도 AI 도입은 빠르게 이뤄지고 있다. 서울아산병원의 경우 챗봇 기반의 AI 상담 도우미 시스템 도입 이후 다양한 분야에서 AI 활용을 적극적으로 확장해 나가고 있다. 외국인 환자의 응대 편의성을 높이고, 음성 인식 시스템을 통해 진료 기록을 실시간으로 작성하고 있다. 과거에는 '통증 수치가 1~10 사이에서 어느 정도인지'를 묻는 방식으로 환자의 주관적 표현에 의존했던 것과 달리, 환자의 생체 데이터를 분석하는 AI 모델을 통해 보다 객관적인 수치를 산출하고 있다.

엔터테인먼트 분야 역시 마찬가지다. 넷플릭스는 전 세계 2억 명이 넘는 사용자에게 최적화된 콘텐츠를 추천하기 위해 AI 기반의 A/B 테스트와 개인화 알고리즘을 끊임없이 실험하고 있다. 어떤 사용자에게는 동일한 로맨스 영화의 섬네일을 밝은 색감의 여성 주인공 중심으로, 다른 사용자에게는 어두운 분위기의 남성 캐릭터 중심으로 노출되기도 한다. 이처럼 AI는 단순히 사용자가 '무엇을 보는가'를 넘어 '어떻게 보여 줄 것인가'까지 조정하며 고객 경험을 설계하고 있다.

이처럼 우리 사회 곳곳, 그리고 산업 현장 최전선에서 AI 설루션이 빠르게 적용되며 우리의 삶을 바꿔 나가고 있다. 적어도 최고의 효율성을 추구해야 하는 산업 현장에서만큼은 AI는 더 이상 다가올 미래가 아닌 현실이다.

기술이 곧 혁신이라는 착각

처음 애플이 아이패드를 출시했을 당시, 국내 한 회사의 에피소드가 있다. 당시 일부 국내 대기업에서는 업무 효율성을 높이기 위해 임원들에게 아이패드를 지급했다. 젊은 직원들의 부러움 속에 임원들은 회의 때마다 아이패드를 들고 나왔지만, 프린트 문서에 익숙했던 이들은 정작 이를 업무에 어떻게 활용해야 할지 몰라 어려움을 겪었다. 결국 얼마 지나지 않아 대부분이 아이패드를 회의에 가져오기를 포기했고, 그 기기는 자연스레 자녀들의 차지가 되었다.

이 일화를 언급한 이유는, AI 도입에서도 '기술만 도입되면 모든 문제가 해결될 것'이라는 기대가 여전히 많기 때문이다. AI는 이제 단순한 기술 트렌드를 넘어 산업 전반의 '기본 옵션'으로 자리 잡고 있다. 그러나 기술이 확산되는 것과, 이를 통해 실제 성과를 내는 것은 전혀 다른 문제다. 많은 기업이 AI를 도입하고도 기대만큼의 변화를 실현하지 못하는 이유는 기술 자체의 한계라기보다, '왜' 그 기술을 써야 하는지에 대한 전략적 판단이 부재하기 때문일 가능성이 크다.

실제로 2024년 매킨지 보고서 《AI 현황: 조직은 가치를 얻기 위해 어떻게 재구성 중인가(The State of AI:

How Organizations Are Rewiring to Capture Value)》에 따르면, 전체 응답 기업의 78%가 최소 한 개 이상의 비즈니스에 AI를 적용하고 있다고 답했다. 이는 AI가 단순한 실험을 넘어 전사적으로 확산되고 있음을 보여 준다. 생성형 AI도 예외는 아니다. 전체 응답자의 71%가 적어도 한 개의 업무에서 정기적으로 생성형 AI를 활용하고 있으며, 적용 분야는 마케팅, 제품 개발, 서비스 운영, IT, 소프트웨어 엔지니어링 등 매우 다양했다.

문제는 기술 도입이 아니라 기술이 실제 성과로 연결되느냐다. 같은 보고서에 따르면, AI를 도입한 기업 중 80% 이상은 "AI가 조직의 전반적인 수익성(EBIT)에 유의미한 영향을 주지 못했다"라고 응답했다. 이는 기술의 성능 문제가 아니라 전략적 활용의 부족을 의미한다. 실제로 AI를 도입한 조직 중 일부만이 업무 프로세스를 근본적으로 재설계했다고 답했다. 즉, 기술은 널리 퍼지고 있지만, 업무 방식은 여전히 기존의 방식 그대로인 경우가 많다는 것이다.

기술은 변화의 출발점이 될 수는 있지만, 그 자체로 변화의 본질이 될 수는 없다. 새로운 기술을 기존 방식에 단순히 끼워 넣는다고 해서 변화가 일어나는 것은 아니다. 전략적 방향성과 조직 전체의 설계 방식이 함께 바뀌어야 비로소 기술은 '작동'한다. AI도 마찬가지다. 기술이 진정한 성과를 만들어 내기 위해 필요한 것은 단순한 도입이 아니라 조직 내에 완전히 '정착'되는 것이다.

전략 없는 기술의 위험

AI는 모든 것을 해결해 줄 수 있는 마법 같은 기술이 아니다. 아무리 뛰어난 기술이라도, 그것이 왜 쓰이는지에 대한 전략적 목적이 부재하면 조직에 혼란만 더할 뿐이다. 반대로 아무리 훌륭한 전략이 있어도 그것을 구현할 기술이 없다면 공허한 구호에 그치고 만다. 기술과 전략은 혁신의 두 축이 되어야 한다. 특히 AI처럼 특정 산업 영역에 국한되지 않고 사회 전반에 걸쳐 영향을 미칠 수 있는 범용적이고 확장성 높은 기술일수록, 전략적 방향성과 맞물리지 않으면 오히려 조직의 리소스를 낭비하는 요인이 될 수 있다.

2024년 BCG 보고서 《AI의 가치는 어디에 있는가? (Where's the Value in AI)》는 많은 기업이 '전사 전략' 없이 AI 실험을 먼저 시작하고, 이후에 전체 비즈니스에 AI를 어떻게 연결할지를 고민하는 구조적 문제를 지적했다. 이 보고서에 따르면, AI 전략이 실패하는 주요 원인은 1) 명확한 비즈니스 목적 없이 파일럿 프로젝트부터 시작하고, 2) 데이터 인프라가 준비되지 않은 채 도입을 강행하며, 3) 조직 내 협업 체계나 의사 결정 구조가 기술 중심으로 왜곡되는 데 있다. 기술의 잠재력은 분명하지만, 그것을 어디에, 어떻게 활용할지를 정의하지 않으면 결과는 아무것도 바꾸지 못한다. 또한 전략 없는 기술 도입은 조직 내부에 새로운 혼란을 초래하기도 한다. 특히 AI는 기존 업무 방식에 근본적인 변화를 요구하는 기술이기 때문에, 단순한 도입만으로는 성과를 만들기 어렵다. 예를 들어, AI를 도입했지만 여전히 '사람의 방식'으로 의사 결정을 내리고, '사람의 속도'에 맞춰 일하고 있다면, 기술은 무력해질 수밖에 없다. 따라서 AI 도입은 단순한 기술 적용이 아니라 전략적으로 조직 전체의 문제 해결 구조를 재설계하는 작업과 맞닿아 있어야 한다.

한편, 같은 보고서에 따르면 실질적인 가치를 창출하고 있다고 응답한 26%의 기업 중, AI를 성공적으로 활용하고 있는 약 4%의 기업은 다음과 같은 특징을 보인다. 이들은 AI를 회사의 핵심 프로세스에 집중시켜 변화를 극대화하고 있으며, 전체 리소스의 70% 이상을 기술이나 알고리즘이 아닌 사람과 프로세스에 투자한다. 또한 AI를 통해 가장 큰 가치를 창출할 기회를 전략적으로 우선순위에 두어, 상대적으로 적은 영역에 집중함으로써 높은 성과를 이끌어 내고 있다.

이처럼 AI에 똑같이 관심을 갖고 리소스를 투입하더라도, 전략적 판단의 유무에 따라 성과는 극명하게 달라진다. 빠르게 AI 기술을 적용하는 데만 몰두한 나머지, 구체적인 활용 전략과 목표 설정을 하지 않으면, 현장에서의 혼란만 가중될 뿐 실질적인 성과는 기대하기 어렵다.

결국 중요한 것은 속도가 아닌 방향

AI를 도입하는 일은 단순히 최신 기술을 따라가는 일이 아니다. 그것은 기업이 앞으로 나아가고자 하는 방향, 해결하고자 하는 문제, 그리고 달성하고자 하는 목표와 밀접하게 맞닿아 있어야 한다. 산업 현장에서 AI는 기술의 문제가 아니라 본질적으로 경영의 문제다. 따라서 이를 도입하는 과정에서 조직의 전략, 문화, 프로세스 전반이 함께 변화하지 않으면 기술은 오히려 혼란을 초래할 수 있다. 많은 기업이 AI의 도입을 통해 경쟁력을 강화하겠다는 야심 찬 비전을 내세우지만, 실제로는 기존의 운영 방식, 의사 결정 구조, 조직 문화를 그대로 유지한 채 기술만을 얹는 경우가 대부분이다. 하지만 이런 방식으로는 AI의 가능성이 성과로 연결되기 어렵다. AI는 기존 방식의 연장선이 아니라 문제 해결의 방식을 재설계하게 만드는 전환점이어야 한다. 기술 자체가 목적이 아니라 변화의 수단이라는 점을 명확히 인식해야 한다.

AI로 인한 거대한 사회 변화에 대한 걱정으로 '우리도 빨리 무언가를 해야 할 텐데' 같은 우려들을 불식하기 위해 다른 변화보다 더욱 속도가 강조되곤 한다. 하지만 아무리 빨리 시작했다 해도 그 전제와 방향이 맞지 않았다면, 결국 처음부터 다시 시작해야 한다. 우리는 기술이 아니라 문제를 해결해야 한다. 오늘날 AI 기술은 어디에나 있지만, 전략은 여전히 상대적으로 부족하다. 따라서 진짜 경쟁력은 '무엇을 할 수 있는가'가 아니라 '무엇을 해야 하는가'를 먼저 결정할 수 있는 사고의 프레임에서 시작된다.

참고문헌

쿠팡 뉴스룸(2025.5.23). AI로 바꾸는 물류 과정, 2025 국제물류산업대전에서 만나다, https://news.coupang.com/archives/53332/

헬스경향(2025.2.17). 서울아산병원, 'AI 통합진료플랫폼'으로 외국인 환자 진료 술술, https://www.k-health.com/news/articleView.html?idxno=

78419&replyAll=&reply_sc_order_by=I

BCG(2024). Where's the value in AI? How leading companies are rethinking their strategies for success. Boston Consulting Group, https://www.bcg.com/publications/2024/wheres-value-in-ai

Netflix TechBlog(2017.12.7). Artwork personalization at Netflix, https://netflixtechblog.com/artwork-personalization-c589f074ad76

Singla, A. et al.(2025.3). The State of AI: How organizations are rewiring to capture value, *McKinsey*, https://www.mckinsey.com/~/media/mckinsey/business%20functions/quantumblack/our%20insights/the%20state%20of%20ai/2025/the-state-of-ai-how-organizations-are-rewiring-to-capture-value_final.pdf

02
산업화 시대에서 AI 시대로, 전략 패러다임의 대전환

정주영과 이병철이 활약했던 산업화 시대와 지금의 AI 시대 사이에는 반세기의 시간만큼 깊은 간극이 존재한다. 과거 '더 많이, 더 빠르게, 더 저렴하게'라는 명확한 목표 아래 움직였던 전략은 이제 그 유효성을 잃었다. 기하급수적 기술 발전과 예측 불가능한 환경 변화가 불확실성을 일상으로 만들었기 때문이다. 이런 시대에 기업이 생존하려면 고정된 계획이 아닌 '견고한 기준'이 필요하다. 그 출발점은 자기 자신을 아는 것이다.

AI와 MBTI?

정주영, 이병철 시대와 같은 것과 다른 것

2004~2005년 방영된 드라마 〈영웅시대〉는 과거 한국 경제와 기업이 역동적으로 성장하던 모습을 볼 수 있다. 새로운 설비와 최신 장비를 도입해 원가를 낮추고, 생산량과 작업 속도를 획기적으로 끌어올리며, 임직원 모두의 열정과 노력으로 극복하는 장면들은 지금 봐도 감동적이다. 그 시대의 도전 정신과 열정은 오늘날에도 여전히 유효하다.

그러나 드라마 속 시대에서 반세기가 훌쩍 넘은 지금, 경영 전략은 완전히 다른 패러다임으로 진화했다. 과거 산업화 시대의 전략은 '더 많이, 더 빠르게, 더 저렴하게'라는 명확하고 측정 가능한 방향성 위에서 움직였다면, AI 시대에는 기술 변화의 속도와 불확실성이 극도로 높아지면서 더 이상 하나의 고정된 전략 수립은 유효성을 잃었다. 이제는 예측 가능한 성장 공식보다 불확실성 속에서도 지속 가능한 방향을 찾아내는 역량이 더욱 중요해졌다.

이러한 맥락에서 AI 시대의 경쟁력은 더 이상 많은 생산 설비 도입에 있지 않다. 오늘날 기업에 요구되는 전략은 조직의 정체성과 역량에 대한 깊은 이해에 기반한 '견고한 기준'과, 급변하는 환경 속에서 변화에 대응하고 수용하는 '전략적 사고의 틀'이다. 이는 변화 너머의 본질적 가치를 꿰뚫어 보는 전략적 안목으로, 깊은 통찰과 분명한 목적의식이 요구되는 시대가 왔음을 의미한다.

그렇다면 과연 무엇이 이토록 근본적인 전략 패러다임의 변화를 불러온 것일까? 정주영, 이병철 시대와 오늘날과는 어떤 결정적 차이가 존재하는 것일까? 이를 명확히 이해해야만 새로운 시대에 맞는 전략 수립이 가능하다.

기하급수적 변화 시대, 전통적 전략의 한계

과거 산업화 시대와 달리 오늘날 기업 환경은 전례 없는 수준의 불확실성과 복잡성을 보이고 있다. 비교적 안정적이고 예측 가능했던 경영 환경이 근본적으로 변화한 구체적인 원인들을 살펴보면 다음과 같다.

기하급수적인 기술의 발전

2010년대까지만 해도 신기술의 도입과 확산은 상대적으로 예측 가능한 패턴을 보였다. 그러나 2022년 이후 생성형 AI의 등장은 이전 어떤 기술보다 빠른 속도로 확산되며 비즈니스 프로세스와 의사 결정 방식을 근본적으로 변화시키고 있다. 챗GPT는 출시 이후 2개월 만에 1억 명의 사용자를 확보했는데, 이는 인스타그램(2.5년), 페이스북(4.5년)과 비교할 때 기하급수적으로 빠른 속도다.

예측 불가능한 글로벌 환경

팬데믹, 우크라이나 전쟁 같은 지정학적 갈등, 급변하는 기후 변화와 글로벌 공급망 붕괴 등 과거에는 '블랙 스완' 사건으로 간주됐던 문제들이 이제는 상시적인 위협으로 자리 잡았다. 《이코노미스트(Economist)》의 보고에 따르면, 극단적인 날씨로 인한 10억 달러 이상의 피해 사건 발생 주기가 40년 전에는 평균 4개월에 한 번꼴이었지만, 현재는 3주에 한 번꼴로 나타나고 있다. 이런 환경에서 단일한 미래 시나리오에 기초한 전략은 효과적인 리스크 대응을 어렵게 만든다.

시장 정의의 경계 모호화

헬스케어 기업이 데이터 비즈니스로, 금융 기관이 기술 플랫폼으로 변모하는 등, 전통적인 산업 경계가 무너지는 현상이 빈번해지고 있다. 영국의 글로벌 빅4 회계법인 PwC(PricewaterhouseCoopers)가 진행한 글로벌 CEO 대상 설문 결과, 응답 기업의 38%가 지난 5년 동안 새로운 사업에 진출했으며, 신규 사업이 전체 매출의 약 20%를 차지하는 것으로 나타났다. 이는 기업들이 더 이상 고정된 산업 경계 안에서 경쟁하지 않고 있다는 점을 명확히 보여 준다.

전통적 전략 계획 방식의 한계

전통적인 3~5년 단위 전략 계획은 오늘날 급변하는 시장 환경에 신속하고 적절한 대응이 불가능해지고 있다. 액센처(Accenture)의 조사 결과, 글로벌 기업 임원 95%가 "소비자 변화 속도가 자사 변화 속도보다 빠르다"고 인식하고 있으며, PwC의 CEO 조사에서도 응답자의 42%가 "현재의 경영 방식을 유지하면 10년 이내에 기업 존립이 위태로워질 것"이라고 응답했다. 이는 계획 수립과 실행 속도의 가속화가 필수적인 시대상을 잘 보여 주는 설문 결과다.

이러한 변화들은 불확실성이 더 이상 예외가 아닌 상수가 된 시대의 도래를 알린다. 이제 성공적인 기업은 고정된 계획보다는 변화에 빠르게 적응하는 유연성과 불확실성 속에서도 일관된 방향성을 유지하는 전략적 명확성을 함께 갖춰야 한다. 자사의 본질적 강점을 이해하는 '견고한 기준'과 다양한 시나리오에 대응하는 '전략적 사고의 틀'이 AI 시대의 필수 생존 전략이다.

5단계 내부 진단을 통한 전략적 기준 수립

앞서 살펴본 바와 같이 불확실성이 상수가 된 시대에는 '견고한 기준'이 필요하다. 여기서 말하는 '견고함'은 경직성이 아니라 스스로에 대한 깊이 있는 이해로, 급변하는 환경에서도 일관된 방향성을 유지할 수 있게 해 주는 나침반 역할을 한다.

그렇다면 이러한 견고한 기준을 어떻게 수립할 수 있을까? 많은 기업이 시장 동향부터 분석하려고 하지만, 끊임없이 변하는 외부 환경보다는 상대적으로 안정적인 내재적 요소를 파악하는 것이 중요하다. 자신을 모르면 좋은 기회가 와도 제대로 활용할 수 없기 때문이다.

1. 핵심 경쟁력 파악

기존의 성공 요인, 핵심 가치, 업무 방식 등 기업의 '유산'과 기업이 속한 사업 영역 내 경쟁사와 차별화되는 경쟁력을 스스로를 정의한다.

자동차 부품 제조업체 사례

- 기업의 '유산': 30년간 축적된 정밀 가공 기술, 품질 관리

노하우, 글로벌 완성차 업체와의 신뢰 관계.

■ 차별화 경쟁력: 0.01mm 단위의 초정밀 가공 능력, 24시간 내 긴급 주문 대응 시스템.

결론: "우리는 정밀도와 신속성이 경쟁력이다."

2. 기존 인프라 및 데이터 자산 평가

기업이 보유한 기술적, 물리적 자산의 가치와 활용도를 평가하고, 기업의 데이터화 시스템 도입 정도에 따라 장기적으로 관리해 온 '기록물'이 무엇인지 파악해 데이터 자산을 종합적으로 평가한다.

화학 소재 제조업체 사례

■ 물리적 자산: 30년 된 생산 설비, 자동화 수준 60%, 사물인터넷(IoT) 센서 부분 도입.

■ 데이터화 수준: 생산량, 품질 데이터는 10년간 디지털 기록, 하지만 엑셀 파일로 분산 관리.

■ 기록물 현황: 제품별 배합 레시피(20년 축적), 고객 클레임 이력, 품질 테스트 결과.

결론: "생산 데이터는 풍부하지만 통합 분석이 어려운 상태, 데이터 통합 플랫폼 구축이 우선 필요."

3. 조직 문화 진단

혁신에 대한 개방성, 실험 문화, 위험 감수 성향, 협업 정도를 평가하고, 지속적 학습에 대한 조직의 투자 의지와 의사 결정 구조의 수평성, 커뮤니케이션의 투명성 수준을 종합적으로 진단한다.

건설업 사례

- 혁신 개방성: 낮음("검증된 방식만 사용" 문화).
- 실험 문화: 매우 낮음(실패 시 책임 추궁 문화).
- 위험 감수: 낮음(안정성 우선, 보수적 투자 성향).
- 협업: 중간(프로젝트 단위 협업은 활발하나 부서 간 장벽 존재).
- 학습 조직화: 낮음(기술 교육 중심, 혁신 교육 부족).
- 의사 결정: 매우 계층적(톱다운 방식 강함).

결론: "AI 도입 시 점진적 접근 필요. 성공 사례 축적 후 확산 전략 수립."

4. 내부 인력의 역량 분석

구성원들의 AI 관련 기술 역량과 디지털 리터러시 수준을 평가하고, 급변하는 환경에 대한 적응력, 새로운 기술과 업무 방식에 대한 학습 능력, 변화에 대한 수용성과 저항 정도를 종합적으로 분석한다.

섬유 제조업체 사례

- AI 기술 역량: 낮음(기본적인 컴퓨터 활용 수준, AI 개념 이해 부족).
- 디지털 리터러시: 중간(생산 관리 시스템 사용 가능, 데이터 분석 미흡).
- 직응력: 중간(점진적 변화에는 적응하나 급격한 변화에 저항).
- 학습 능력: 높음(기술 습득 의지 강함, 숙련 기술자 다수).
- 변화 수용성: 낮음(기존 업무 방식 선호, 새 시스템 도입에 불안감 존재).

결론: "기초 디지털 교육부터 시작해 단계적 AI 역량 개발 필요. 숙련 기술자의 경험과 AI를 결합하는 방향으로 접근."

5. 핵심 목적과 가치 재확인

"왜 우리가 존재하는가?", "우리가 고객에게 제공하는 가치는 무엇인가?"라는 본질적 질문에 대한 답을 재확인한다. 이는 변화하는 환경 속에서도 일관된 방향을 제시하는 나침반 역할을 한다.

중소 물류 기업 사례

■ 존재 이유: "신뢰할 수 있는 배송 서비스로 고객의 비즈니스 성공을 지원."

■ 고객 가치: "정확성과 신속성을 바탕으로 한 안심할 수 있는 물류 파트너."

■ 핵심 사명: "고객과의 신뢰 관계를 기반으로 한 맞춤형 물류 설루션 제공."

결론: "AI 기반 배송 최적화와 예측 시스템 도입하되, 고객 맞춤 서비스와 신뢰성이라는 핵심 가치는 강화."

내재적 요소에 대한 철저한 분석을 통해, 기업은 자사와 인적 자원의 핵심 역량과 한계점, 자산 인프라와 데이터 기술의 현황, 고객에게 전달하는 본질적 가치를 객관적으로 파악할 수 있게 된다. 이러한 통합적 자화상을 기반으로, 이제 기업은 진정한 방향성을 정립해야 할 단계에 도달한다.

하지만 이 5단계 내부 진단은 단순한 체크리스트가 아니다. 핵심 경쟁력을 파악했다고 해서 저절로 AI 전략이 나오는 것은 아니며, 조직 문화를 진단했다고 해서 변화 저항이 사라지는 것도 아니다. 중요한 것은 이 진단 결과들을 종합해 자사만의 고유한 AI 도입 로드맵을 설계하는 것이다.

예를 들어, 정밀 가공 기술이 강점인 제조업체라면 AI를 통한 품질 예측에 집중하고, 데이터 자산이 풍부하지만 분산되어 있다면 통합 플랫폼 구축을 우선 과제로 삼아야 한다. 조직 문화가 보수적이라면 작은 성공 사례부터 축적하고, 인력 역량이 부족하다면 교육과 AI 도입을 병행 추진해야 한다.

결국 '견고한 기준'이란 이러한 내재적 요소들이 조화롭게 결합되어 만들어지는 전략적 정체성이다. 이 정체성이 명확할 때, 비로소 기업은 수많은 AI 기술 중에서 자신에게 맞는 것을 선별하고, 변화하는 환경 속에서도 일관된 방향성을 유지할 수 있게 된다. 이것이 바로 불확실성의 시대를 헤쳐 나갈 '전략적 사고의 틀'을 갖추는 출발점이다.

참고문헌

Accenture(2023). The resilient consumer: How companies can embrace human complexity to unlock value, https://www.accenture.com/content/dam/accenture/final/industry/consumer-goods-and-services/document/Accenture-Resilient-Consumer-Study-2023.pdf

Altman, S.(2025.2.10). Three observations,

https://blog.samaltman.com/three-observations
Economist Impact(2024). Climate change's disruptive impact on global supply chains and the urgent call for resilience, https://impact.economist.com/projects/trade-in-transition/climate_change/
PwC(2025.1.20). PwC's 28th Annual global CEO survey: Reinvention on the edge of tomorrow, https://www.pwc.com/gx/en/issues/c-suite-insights/ceo-survey.html

03
현장에서 필요한 전략적 질문들

업종과 규모에 관계없이 성공한 기업들이 의사결정에 앞서 던지는 질문에는 공통점이 있다. 제조업이든, 서비스업이든, 스타트업이든, 대기업이든 핵심적인 전략적 질문의 구조는 크게 다르지 않다. AI 시대의 본질적 도전은 기술적 문제가 아니라 인간의 사고와 조직 운영의 문제다. 기술은 도구일 뿐이고, 그 도구를 어떻게 쓸지 결정하는 것은 결국 사람의 판단이다. 좋은 판단은 '똑똑한 질문'에서 나온다.

AI와 난임 극복?

기술에 앞서 던져야 할 7가지 전략적 질문

넷플릭스의 창업자 리드 헤이스팅스(Wilmot Reed Hastings)는 "우리는 DVD 대여 회사가 아니라 멀티미디어 엔터테인먼트 기업"이라고 정의했다. 이 간단한 정의 뒤에는 "우리의 본질적 가치는 무엇인가?"라는 질문이 있다. 만약 그들이 "기술을 활용해 DVD 대여를 어떻게 더 효율적으로 할 것인가?"라는 질문에 머물렀다면 세계 최대의 거대 미디어 회사라는 압도적인 비전을 보여 줄 수 없었을 것이다. 당시 대부분의 경쟁사들이 기존 대여 모델의 효율성 개선에만 집중하는 동안, 넷플릭스는 근본적인 질문을 던졌다. "고객이 진짜 원하는 것은 무엇인가?" 그 답은 'DVD를 잘 빌리는 것'이 아니라 '언제 어디서나 원하는 콘텐츠를 즐기는 것'이었다.

마찬가지로 아마존의 제프 베조스가 냅킨에 그린 핵심 성장 동력 구조인 '플라이휠 스케치'에는 이익(Profit)이라는 단어가 없었다. 대신 "고객 만족을 어떻게 극대화할 것인가?"라는 질문이 모든 전략의 중심에 있었다. 이 질문은 아마존이 단순한 온라인 서점에서 '지구에서 가장 고객 중심적인 회사'로 진화하는 원동력이 되었다. AWS, 프라임 서비스, 알렉사까지, 아마존의 모든 사업 확장은 이 하나의 전략적 질문에서 출발한다.

AI 시대에 들어서면서 전략적 질문의 중요성은 더욱 커지고 있다. 이러한 접근 방법은 새로운 혁신을 도모하는 지금 시점에도 여전히 유효하다. 실제로 많은 기업이 AI 도입에 실패하는 이유도 바로 여기에 있다. 기술의 가능성에만 집중하고 정작 "우리가 해결하고자 하는 근본적인 문제는 무엇인가?"라는 질문을 놓치는 것이다. 강력한 질문은 단순히 답변을 얻는 것이 아니라 대화를 촉발하고, 과거에 얽매이지 않고 미래의 가능성을 탐구하게 만든다. 이처럼 AI 시대 산업 현장에서 리더들이 반드시 던져야 할 일곱 가지 핵심 질문을 추렸다. 각 질문은 단순해 보이지만, 그 안에는 조직의 사고를 구조화하고 실행력을 높이는 강력한 힘이 담겨 있다.

1. 우리 고객이 정말 원하는 것은 무엇인가

이는 모든 전략적 사고의 출발점이다. 많은 기업이 기술 중심으로 사고하면서 놓치는 것이 바로 고객의 진짜 니즈다. 애초에 우리가 AI를 비롯한 혁신적인 방법을 활용하려는 이유가 고객 만족을 통한 성공이다.

아마존은 "고객이 정말 원하는 것은 무엇인가?"라는 질문에서 출발해 "더 빠른 배송"이라는 답을 얻었다. 그래서 창고 자동화, 배송 최적화, 심지어 드론 배송까지 모든 기술 투자가 이 하나의 목표를 향해 정렬되었다. 반면 많은 물류업체들이 "어떤 기술을 도입할까?"에만 집중하면서 고객 가치와 동떨어진 설루션들을 추진한 것과 큰 차이를 낳았다.

이 질문은 기술 선택의 기준을 명확히 해 줌으로써 사고의 구조화를 돕는다. AI든, 사물인터넷(IoT)이든, 로봇이든 어떤 기술을 도입하는지는 중요하지 않다. 모든 선택은 고객 가치 창출이라는 하나의 기준으로 평가해야 한다. 이러한 질문을 통해 한정된 리소스를 현명하게 투자하는 우선순위를 정하고, 이러한 기술 도입의 결정이 실제로도 성공적이었는지를 고객 만족도와 연결해 평가하는 성과 측정 기준을 제공해 주기도 한다.

2. 우리 사업의 본질은 무엇인가

결국 고객이 원하는 것에 맞춰 전략적 움직임을 구성하기 위해서라도, 우리는 스스로의 사업적 본질을 깨달아야 한다. '어떤 사업을 하는가'라는 질문의 답이기도 하며, 시간이 지나도 변하지 않는 그 업의 기본 가치를 의미한다.

1993년 삼성의 이건희 전 회장이 신경영을 발표할 때 강조했던 이 개념은 AI 시대라고 다르지 않다. 당시 이전 회장은 "백화점업은 부동산업, 호텔업은 장치 산업으로 봐야 한다"며 "업의 본질을 잘 따진 뒤 그에 맞는 경영을 해야 한다"라고 강조했다. 이는 단순히 겉으로 보이는 사업 영역이 아닌, 그 사업이 창출하는 진정한 가치가 무엇인지를 파악하라는 의미다.

실제로 해외 유니콘 기업들 역시 기술적인 해자가 적더라도, 간단하게 사업의 본질을 정의하고, 이러한 핵심 가치에 집중했다. 에어비앤비는 숙박 예약 서비스는 기능의 한 가지로 보고, '공유 경제'라는 패러다임의 선두이자 '새로운 문화 경험을 제공하는 플랫폼'으로 스스로를 봤다. 기술은 수단일 뿐이며, 진정한 경쟁 우위는 명확한 사업 본질에서 출발하기 때문이다.

3. 우리의 경쟁 우위는 결국 무엇인가

우리 사업의 본질을 알았다면, 기존까지 어떠한 경쟁 우위를 가져왔으며, 앞으로는 어떠한 요소를 특장점으로 가져갈 것인지에 대한 정립이 먼저다. 새로운 기술 도입 역시 경쟁 우위의 확보/지속/확장 등의 목표가 핵심적인 목적이기 때문이다.

컬럼비아 경영대학원 교수인 브루스 그린월드(Bruce Greenwald)는 저서 《경쟁 우위 전략》을 통해 "모든 전략적 사고의 핵심은 경쟁 우위를 만들고 보호하며 최대한 이용하는 것이다"라고 말한 바 있다. 그린월드는 사업의 경쟁 우위를 공급과 수요 측면으로 나눠 외부적인 요소와 내부적인 요소 모두를 고려하는 전략의 중요성을 강조한다. 그린월드는 이를 통해 무언가를 도모하기에 앞서 '새로운 혁신이 필요한 부분'과 '현명한 운용이 필요한 부분'을 나눠 미래 방향을 결정하라고 말한다.

결국 진정한 경쟁 우위는 그 도구를 자신만의 방식으로 활용하는 전략적 사고에서 나온다. 각각의 비즈니스마다 생존 방안이 다르고, 산업군마다 특성이 또 다르기 때문에라도 우리의 사업과 경쟁 우위, 그리고 새로운 기술이라는 전략의 일치가 전제되어야 한다.

4. 우리의 핵심 강점을 강화할 수 있는가

새로운 테크의 도입을 '만능의 황금 열쇠'로 보는 순간, 조직의 고유한 강점을 잃을 위험이 있다. 특정 기술이 없이도 여태껏 이어 왔던 우리 조직만의 원동력과 근원을 간과하게 되는 것이다. 따라서 이 질문은 AI를 비롯한 신기술 도입이라는 모멘텀을 자신만의 경쟁력으로 전환하는 길을 제시한다.

스타벅스의 핵심 강점은 '개인화된 고객 경험'이다. 그들은 AI를 도입할 때도 이 강점을 중심에 두었다. 매장 내 키오스크 주문보다는 모바일 앱을 통한 개인화 추천에 집중했고, 바리스타와 고객의 상호작용을 유지하면서도 대기 시간을 줄이는 방향으로 기술을 활용했다. 결과적으로 고객 만족도와 매출 모두 증가했다.

이 질문은 조직의 정체성을 명확히 해 우리만의 차별적인 강점을 유지하면서도 혁신성을 부여하는 첫 단추다. 또한 핵심 역량을 강화하는 방향으로 조직의 힘을 모으고, 궁극적으로 조직 구성원들의 수용성을 높인다. 기술로 기존의 자산을 위협하는 것이 아니라 우리의 장점을 강화한다는 공감을 얻을 장치다.

5. 우리에게 가장 효과적인 방안인가

기업이 겪는 어려움을 줄여 줄 '페인킬러'(진통제)가 무조건 AI를 비롯한 새로운 혁신 기술이라는 보장은 없다. 오히려 더 간단하고 직선적인 해법이 더 효과적이고 빠르며 본질적일 수 있다.

지난 2018년과 2020년 가트너(Gartner)가 발표한 보고서에 따르면 기업의 인공지능과 머신 러닝 프로젝트 중 85%는 실패하고 있다. 게다가 53%만이 초기 제품인 프로토타입에서 정식 프로덕션으로 전환된다. 실패 원인으로는 'AI로 해결할 문제를 오해하거나 잘못 전달', 'AI 훈련 데이터 부족', '기술 도입에만 집중' 등이 지적되었다. 즉, 우리가 처한 현실과 겪고 있는 문제에 대한 분석, 역량에 대한 명확한 인지, 이슈 해결 그 자체가 아니라 이에 기인한 목적에 대한 탐구가 선행되어야 한다는 뜻이다.

이 질문을 통해 '묻지 마 도입' 차원의 기술 활용보다는 산업과 문제의 본질을 파악하고, 해결책의 복잡성과 효과성을 균형 있게 평가하도록 도울 수 있다는 점이 중요하다. 아이러니하게도 심플한 해결책은 가장 ROI(투자대비수익)가 높은 방안이다. 경영진을 비롯한 윗선에서 소위 '있어 보이는' 방안으로의 톱다운식 AI 기술 도입 결정이 아닌 문제 해결 관점의 질문이 필요한 이유다.

6. 우리 조직이 받아들일 준비가 되었나

아무리 좋은 기술도 우리 사업을 지탱하고 있는 전체 구성원들이 받아들이지 못하면 무용지물이다. 그것이 '혁신적'이라는 이유로 많은 시간과 돈, 노력을 기울인 것이라면 더더욱 타격이 크다.

하버드 경영대학원의 석좌 교수이자 세계적인 리더십 전문가인 존 코터(John P. Kotter)는 "변화 관리의 8단계 모델(8-Step Process for Leading Change)"을 통해 이상적인 프로세스를 제시했다. 그는 특히 사람들의 심리에 초점을 맞춰 '달성하고자 하는 것에 대한 전략적 비전 정립'과 불화를 일으킬 만한 사안을 사전에 파악하고 해결하는 것을 강조했다. 이를 위해 다양한 목소리를 수렴하고, 실제로 구성원들을 변화 과정에 참여시켜서 역할을 부여하는 방안도 필요하다고 설명했다. 이를 통해 구현 과정 전반에 걸쳐 추진 동력을 가져가기 위해서라도 구성원들이 이러한 변화를 받아들일 동기를 부여하는 것의 중요성을 역설했다.

결국 조직이 새로운 기술을 받아들일 준비가 되었는지 판단하는 핵심은 단순히 기술적 인프라가 아니라 구성원들의 마음가짐과 리더십의 의지, 그리고 변화를 수용할 수 있는 조직 문화가 갖춰져 있는가에 달렸다. AI 역시 마찬가지다. 전략적 질문을 통해 우리 조직의 받아들일 준비에 대한 냉철한 판단이 먼저다.

7. 우리는 5년 후 어디에 있을 것인가?

《변화면역》의 저자이자 하버드대 교수인 발달심리학자 로버트 케건(Robert Kegan) 박사에 따르면, 사람들이 변화에 저항하는 것은 자신에게 이익이 되지 않는다고 생각해 동의하지 않거나 관성을 지키려는 이유가 크다. 이는 개인의 심리적 방어 체계의 작용이며, 자신도 인식하지 못하는 무의식적인 위험 회피 메커니즘에 가깝다. 특히 실제 결과물에 따른 이성적인 판단보다는 감성적이고 본능적인 위기감에 반대하는 경우도 생긴다.

이는 새로운 기술을 대하는 인류의 역사가 지속적으로 증명해 왔다. 실제 산업혁명 시기의 기계 파괴 현상이었던 '러다이트 운동'을 두고, 당시 영국 상원의원이었던 바이런(George Gordon Byron)은 더욱 근본적인 '신뢰의 부재'를 지적했다. 바이런은 "이러한 절망과 동요에는 더 깊은 원인이 있다. 앞선 정책들이 안락함을 파괴하기 전까지는, 그 누구도 이러한 극단적인 행동을 하지 않았다는 사실을 알아야 한다"라고 일갈하기도 했다.

이처럼 시대를 불문하고 산업을 이끄는 진정한 전략적 사고는 개별 질문들에 대한 답이 아니라 일곱 가지 질문이 상호 연결되어 만들어 내는 통합적 비전과 신뢰에서 나온다. 이러한 핵심 질문은 AI 도입에 앞서 냉철한 현실 진단과 판단을 통해 도입 후의 미래와 지속성까지 살필 수 있도록 돕는다. 새로운 혁신성 도출에 성공하는 리더들은 이 모든 질문을 순차적으로 검토하면서 기술 도입의 전략적 가치를 극대화한다.

고객이 원하는 것을 명확히 알고, 우리 사업의 본질을 이해하며, 핵심 강점을 활용한 효과적인 방안을 실행할 준비가 된 조직이, 자신만의 경쟁 우위를 바탕으로 그려내는 5년 후의 모습. 이것이 바로 AI 시대를 선도하는 전략적 사고의 완성체다. 각 산업에서의 실제 사례를 통해 작은 전략적 사고의 차이가 얼마나 큰 결과의 다름을 가져오는지 여실히 볼 수 있다.

참고문헌

한국수출입은행(2023.9.14). 생성형 인공지능(Generative AI)으로 인한 인공지능 혁명 및 산업 변화. KDI 경제교육·정보센터, https://eiec.kdi.re.kr/policy/domesticView.do?ac=0000178053

Gartner(2018,2.13). Gartner says nearly half of CIOs are planning to deploy artificial intelligence, https://www.gartner.com/en/newsroom/press-releases/2018-02-13-gartner-says-nearly-half-of-cios-are-planning-to-deploy-artificial-intelligence

Gartner(2020,10.19). Gartner identifies the top strategic technology trends for 2021, https://www.gartner.com/en/newsroom/press-releases/2020-10-19-gartner-identifies-the-top-strategic-technology-trends-for-2021

Greenwald, B. C. & Kahn, J.(2007). *Competition demystified: A radically simplified approach to business strategy*. Portfolio.

홍유숙 옮김(2016. 개정판 2022). 《경쟁 우위 전략. 지속 가능한 사업을 창출하는 원리》. 처음북스.

John P. Kotter, J. P.(2012). *Leading change*. Harvard Business Press. *Kotter.Inc.*(8-step process for leading change), https://www.kotterinc.com/methodology/8-steps/

04
뉴미디어 콘텐츠에서의 전략

하루가 멀다 하고 새로운 AI 콘텐츠가 쏟아지는 시대다. 누구나 쉽게 AI와 대화를 나누며, '고퀄리티'의 이미지, 영상, 음악 등의 콘텐츠를 뚝딱 만들어 낼 수 있다. 하지만 이렇게 만들어진 무수한 AI 결과물들을 보고 있자면 콘텐츠 기획자로서 항상 같은 질문이 떠오른다. "그런데 저걸 다 누가 보고 싶어 할까?" 콘텐츠 기획자는 결국 '팔리는 콘텐츠'를 기획해야 한다. 이는 AI 시대라고 다르지 않다.

AI와 사주?

기술적 퀄리티 경쟁의 종말

"우와, 저건 꼭 진짜 같네." 이러한 감탄은 오랫동안 CG(컴퓨터그래픽) · VFX(시각효과) 업계에서 크리에이터를 칭송하는 표현이었다. 다양한 영상 콘텐츠에서 '진짜 같은 환상'을 구현하는 기술력은 늘 대중에게 놀라움을 안겨 주었다. 1993년 영화 〈쥬라기 공원(Jurassic Park)〉은 극장 안에 살아 움직이는 공룡을 불러냈고, 〈타이타닉(Titanic)〉은 대서양 심해에 잠든 여객선을 눈앞에 복원해 냈다. 지금도 후속편이 계속 만들어지고 있는 〈아바타(Avatar)〉 시리즈는 존재하지 않는 외계 문명과 자연환경을 구현했고, 마블 스튜디오(Marvel Studio)의 수많은 히어로들은 압도적인 스케일과 디테일로 전 세계 관객의 몰입을 이끌어 왔다. 디즈니(Disney)와 픽사(Pixar)의 애니메이션이 이룬 기술적 성취도 이루 말할 수 없다. 하지만 기술적 퀄리티를 중심으로 한 이러한 경쟁은 이제 새로운 국면에 접어들고 있다. 이전이라면 막대한 예산과 수개월의 작업, 수십 명의 아티스트가 필요했던 장면을 생성형 AI는 몇 분 만에 구현해 낸다. 그리고 그렇게 생성된 콘텐츠들은 웹과 SNS(사회관계망서비스)를 가득 채워 가고 있다. 콘텐츠의 '높은 기술적 완성도'는 더 이상 팔리는 이유가 아니다. 오히려 AI에 의해

쏟아지는 무분별한 콘텐츠의 홍수는 감탄보다 피로를 유발하는 공해가 되어 가고 있다.

그렇다면 CG 같은 가상 콘텐츠를 만드는 시장은 이제 끝난 것일까? CG 기술력을 앞세워 콘텐츠를 만들던 제작자들은 이제 모두 일자리를 잃게 되는 것일까? 이러한 질문의 답은 이미 기술적 품질 경쟁력이 무의미해진 다른 시장을 통해 예측해 볼 수 있다. 일례로 가방, 시계, 의류 등 이른바 명품 시장이 있다. 물론 제품의 품질이나 기술력은 여전히 이 브랜드들의 핵심 자산이다. 그러나 그것만으로 명품 브랜드들의 경쟁력을 설명하긴 어렵다. 기술적으로 구분이 어려운 '가짜 명품'이 넘쳐나고, 일반 소비자가 그 차이를 구분해 내기도 어려운 오늘날, '기술적 퀄리티'는 더 이상 프리미엄의 기준이 아니다. 그럼에도 누군가는 여전히 막대한 부가가치를 창출하며, 소비자들에게 사랑받는 브랜드와 제품을 만들어 내고 있다. 지금의 콘텐츠 산업도 마찬가지다. AI를 기반으로 누구나 고퀄리티 콘텐츠를 만들어 낼 수 있게 된 이 시장에서 더 이상의 기술력 경쟁은 무의미해졌다. 이제는 다른 방식으로 소비자에게 감동을 주는 방법에 더 집중해야 하고, 이러한 경쟁력을 바탕으로 소비자에게 차별화된 가치를 전달할 수 있는 콘텐츠만이 소비자의 눈

길을 이끌 수 있다.

'전에 없던' 것만으로 감동을 줄 수 있나?

한 번도 본 적 없는 새로움은 분명 놀라움을 준다. 새로운 기술을 경험한 순간 터져 나오는 '와우'는 강렬하지만, 대부분은 일시적이다. 이 감정이 공감과 감동으로 확장되지 않는다면, 그 경험은 소비로 이어지기 어렵다. CG 기술이 뛰어났지만 흥행에 실패한 영화들, 완벽한 외모를 갖추었지만 매력적으로 느껴지지 않는 연예인들 혹은 론칭 쇼는 화려했지만 막상 실생활에 별로 도움이 되지 않았던 첨단 기기들을 떠올려 보면 쉽게 이해할 수 있다. 기술이 아무리 눈부셔도, '팔리는 콘텐츠'가 되려면 결국 감정의 층위까지 도달해야 한다.

버추얼 휴먼 기술이나 생성형 AI의 발전은 이전에는 상상조차 못 했던 경험을 현실화해 주고 있다. 특히 '더 이상 만날 수 없는 사람'을 가상으로 복원한다는 설정은 감정적으로도 기술적으로도 매우 강한 상징성을 갖는다. 그러나 이러한 새로운 시도들이 언제나 소비자들에게 환영받는 것은 아니다. 대표적인 사례는 2021년 라스베이거스에서 열린 휘트니 휴스턴(Whitney Houston)의 홀로그램 콘서트 〈An Evening with Whitney(휘트니

와 함께하는 저녁)〉다. 홀로그램으로 구현된 휘트니 휴스턴이 실제 밴드와 함께 무대에 등장하는 이 공연은 기획 초기 큰 관심을 모았지만, 정작 팬들로부터 "고인을 상업적으로 소비한 이벤트", "위대한 아티스트의 조악한 재현"이라는 비판을 받으며, 예상 수익에 미치지 못한 채 8개월 만에 막을 내려야 했다. 국내에도 비슷한 사례들이 있다. 2020년 엠넷(Mnet)의 〈다시 한번〉 프로젝트는 고인이 된 아티스트 중 그룹 '거북이'의 멤버였던 터틀맨을 AI 음성과 홀로그램으로 복원해 신곡을 발표하는 콘텐츠를 선보였지만, 일부 시청자들은 "영혼이 없는 모창을 보는 듯하다", "감정 없이 구현된 기술 쇼"라며 부정적인 반응을 보였다. 같은 맥락에서 MBC 〈너를 만나다〉 프로젝트는 VR 기술로 고인을 복원해 가족과 재회하게 해 주는 기획이었지만, 일부 시청자에게는 감동보다 '감정 착취'로 비치기도 했다. 이러한 실패 사례들의 공통점은 새로운 기술은 있었지만, 관객의 감정을 이끌어 내는 스토리텔링과 전략적 설계가 부족했다는 점이다. 기술적 '와우'는 있었지만, 많은 이들의 감동까지 이끌어 내지는 못했던 것이다.

반면, 2022년부터 영국 런던에서 진행되고 있는 〈ABBA VOYAGE(아바 보이지)〉는 같은 기술 기반 위에 감정 설계와 전략적 완성도를 더해 압도적인 성과를 만들어 내고 있다. 이제는 70대 노인이 된 스웨덴의 전설적인 그룹 아바 멤버들의 젊은 시절 모습을 기반으로 한 버추얼 캐릭터가 무대에 등장해 실제 밴드와 함께 공연을 펼친 이 프로젝트는 팬들에게 "마치 40년 전 아바 공연장에 다시 온 듯했다"는 반응을 끌어냈다. 그 결과, 2024년까지 누적 관객 300만 명, 1억 달러가 넘는 수익을 달성했고, 글로벌 투어도 준비 중이다. 〈아바 보이지〉 성공의 핵심은 기술 자체가 아니었다. 이 프로젝트에는 세계 최고의 기술력을 갖춘 루카스필름(Lucasfilm) 산하 ILM이 버추얼 캐릭터 제작에 참여했지만, 완성된 멤버들의 버추얼 캐릭터 모습만 놓고 보았을 때, 아직 '언캐니'함을 완벽히 벗어났다고 보기에는 어려웠다. 반면, 아바 멤버들이 직접 모션 캡처, 공연 연출, 무대 디자인 등 콘텐츠 제작의 전 과정에 참여함으로써 콘텐츠의 진정성과 완성도를 높였다. 또한 공연장은 몰입형 환경 구현을 위해 런던 외곽에 아예 별도로 신축되었으며, 실제 라이브 세션이 병행되어 콘텐츠의 몰입감과 현장감을 극대화했다. 현실 공간의 조명과 가상공간의 조명을 완벽하게 연동시키는 디테일의 완성도를 높여, 관객은 무대의 '기술'을 인식하기보다 '정서적 몰입'을 우선 경험할 수 있도록 설계되었다.

결국 기술과 추구하고자 하는 비전은 같았어도 결과는 극명하게 갈렸다. 중요한 것은 '기술로 무엇을 할 수 있는가'가 아니라 '누구를 위해, 어떤 감정을 설계했는가'라고 볼 수 있다. 〈아바 보이지〉는 팬을 위한 헌정과도 같은 무대로 받아들여졌고, 그 진정성은 수많은 팬들의 감동적인 리뷰로 이어졌다. 반면 휘트니 휴스턴의 콘서트나 〈다시 한번〉 프로젝트는 AI 기술을 바탕으로 고인을 소환했지만, 감정까지 소환하는 데는 실패했다. 이처럼 기술 그 자체만으로는 감정을 대체할 수 없다. 감정을 매개하는 '설계'가 있을 때 비로소 소비자들을 만족시킬 수 있는 감동이 발생한다. 그리고 이를 위한 전략적 고민은, AI를 기반으로 한 새로운 뉴미디어 콘텐츠를 만들 때 더욱더 중요해진다.

AI의 등장으로 아티스트는 무용해지는가?

AI와 콘텐츠 산업을 둘러싼 또 다른 화두는 "AI의 등장이 아티스트의 정체성과 권리를 위협하는가?"다. 기술이 고도화되면서 진짜와 가짜의 경계가 흐려졌고, 누구나 손쉽게 아티스트의 목소리와 이미지를 복제·재현할 수 있게 되었다. 이러한 변화는 아티스트에게 자신의 존재 가치가 흔들리고 있다는 위협감을 안겨 준다. 예를 들어, 캐나다 출신의 세계적 팝스타 셀린 디온(Celine Dion)은 AI가 자신의 목소리를 무단 도용한 음원이 온라인에 유통되는 상황에 대해 강하게 항의했다. 영화 〈그녀(Her)〉에서 AI 목소리를 연기했던 스칼릿 조핸슨(Scarlett Johansson) 또한 자신과 흡사한 AI 음성 비서의 등장에 대해 법적 대응을 고려하며, 오픈AI에 공식 해명을 요청한 바 있다. 이 사례들은 AI 기술이 아티스트의 이미지와 목소리, 스타일 등을 정교하게 모방하면서 그들의 창작물과 정체성에 실질적인 위협이 될 수 있음을 보여 준다.

그렇다면 AI는 정말로 아티스트를 대체하는 존재가 될까? 우리는 같은 질문을 기술 혁신의 역사에서도 마주한 바 있다. 예컨대, 축음기라는 새로운 기술이 등장했을 당시, 무대에서 직접 노래하던 가수들은 자신의 역할이 사라질 것이라는 두려움을 가졌을 것이다. "기계가 나의 목소리를 대신할 수 있다면, 이제 누가 공연장에 찾아올까?", 또는 "축음기에서 나오는 목소리는 기계가 재현한 것일 뿐, 진짜로 내가 부르는 게 아닌데?"라는 걱정은 자연스러운 것이었다. 그러나 결과는 이미 우리가 잘 알고 있다. 축음기는 라이브 가수의 존재를 위협한 것이 아니라 오히려 더 많은 대중에게 그들의 목소리를 전달해 주는 매개체가 되었고, 라이브 공연은 희소한 경험으로서 그 가치를 더욱 공고히 할 수 있었다.

AI 또한 마찬가지다. 아티스트의 오리지널리티는 여전히 사람들의 감정과 연결되어 있으며, AI는 그 오리지널리티를 새로운 방식으로 확장하는 기술적 채널로 기능할 수 있다. 예를 들어, 일본의 인기 듀오 요아소비(YOASOBI)는 AI 그림 생성 플랫폼 미드저니(Midjourney)와의 협업을 통해 곡의 세계관을 이미지로 시각화하며 팬과의 새로운 소통 접점을 만들어 냈다. 한국에서는 2023년 하이브(HIVE)가 AI 기반 프로젝트 'MIDNATT(미드낫)'을 통해 소속 아티스트 '이현'의 곡을 AI 음성을 활용해 다국어 버전으로 발표했다. 그러나 여기서는 새로운 질문이 제기되었다. "아티스트가 부르지 않은 외국어 버전의 곡도 창작물로 인정할 수 있는가?" 팬들 사이에서는 "진짜 목소리는 한국어뿐인데, 다른 언어로 들리는 이 노래가 과연 아티스트의 것인가?"라는 논란이 일었다. 이처럼 AI는 아티스트의 권리를 확장할 수 있는 수단이기도 하지만, 동시에 수용자와의 공감대 없이 활용될 경우 오히려 혼란과 반발을 초래할 수 있다. 기술이 곧 창작의 주체가 되려는 순간, 아티스트와 소비자 사이의 감정적 연결은 단절된다.

중요한 것은 AI를 어떤 관점으로 활용할 것인가다. AI가 아티스트를 대체하는 것이 아니라 아티스트의 창작 세계를 확장하는 새로운 채널이 되어야 한다. 결국 AI의 등장은 아티스트의 존재를 무력화시키는 것이 아니라 오히려 그 가치를 재조명할 수 있는 기회가 될 수 있다. 다만, 이를 현실화하기 위해서는 기술과 소비자, 그리고 아티스트 사이의 '정서적 공감'이 선행되어야 하며, 이를 구축하기 위한 전략적 고민이 수반되어야 한다.

AI를 통한 새로운 경험 구축 전략

AI 기술의 발전은 콘텐츠 제작에 전례 없는 기회를 열어 주었지만, 기술 그 자체는 콘텐츠 상품이 아니다. 콘텐츠는 소비자의 감정과 반응을 기반으로 소비되는 '경험 상품'이기 때문에, 어떻게 하면 '팔리는 콘텐츠'를 만들 수 있는지에 대한 전략적 고민은 더욱더 중요해진다. 또한 콘텐츠 소비 시장은 결국 상대적인 경쟁으로 가치가 결정되기 때문에, 모두가 '고퀄리티 콘텐츠'를 만들 수 있어도 모두가 '고부가가치'를 만들어 낼 수는 없다. 결국 '팔리는 콘텐츠'를 만들기 위해서는 기술이 아닌 소비자 중심의 전략적 설계가 핵심이 된다. 이를 위한 네 가지 주요 전략을 다음과 같이 정리해 볼 수 있다.

첫째는 AI를 통한 초개인화된 경험을 구축하는 전략이다. 콘텐츠에 대한 공감대 형성은 어디까지나 '나'를 중심으로 이뤄지고, 지금까지의 콘텐츠 시장의 확대는 이러한 '나'와의 접점을 확대하는 방향으로 이어졌다. 이제 AI 기술의 발전으로 여기서 한 발 더 나아가, 높은 수준의 개인 맞춤형 콘텐츠를 만들어 낼 수 있다. 2025년 챗GPT를 통한 '지브리 이미지 만들기' 열풍은 개인화 콘텐츠가 갖는 놀라운 영향력을 반증하는 사례라고 볼 수 있다. 내가 좋아하는 '지브리'라는 콘텐츠를 개인화된 경험과 엮어서 소비할 수 있게 되자, 많은 이들이 이 열풍에 동참했다. 마치 지브리의 애니메이터가 나와 내 가족을 위한 일러스트를 그려 주는 듯한 경험은 이전 콘텐츠 경험에서는 쉽게 상상하기 어려운 것이었다. 일대다(one-to-many)로 소비되던 콘텐츠가 '나를 위해 존재한다'는 느낌은 AI만이 줄 수 있는 차별적 강점이다.

둘째는 재현 불가능한 희소성의 가치를 극대화하는 전략이다. 모든 시장 경제는 희소성의 가치에 따라 소비가 이뤄진다. 이를 바탕으로 AI 콘텐츠의 특성을 전략적인 관점에서 바라본다면, AI는 동일한 입력에도 매번 다른 결과를 생성하게 되고, 이 점은 콘텐츠에 '지금, 여기, 나만의 것'이라는 희소성을 부여한다. 이는 소장 욕구와 일회성 소비를 자극하는 강력한 전략 요소로 작동하며, 디지털 시대의 새로운 한정판이 될 가능성을 열어 준다.

셋째는 오리지널리티를 통해 AI 경험에 가치를 부여하는 전략이다. 앞서 말한 AI를 통한 무분별한 복제와 재현은 소비자 입장에서 아무런 가치가 없는 경험일 뿐이다. AI 콘텐츠가 소비자에게 가치 있게 느껴지려면, 오리지널리티를 통한 '보증'이 필수적이다. 사람들은 '누가 만들었는가'보다 '누가 보증했는가'에 주목한다. 명품의 라벨이 가치를 담보하듯, AI 콘텐츠도 오리지널 아티스트 혹은 브랜드의 개입을 통해 정통성을 부여받아야 한다. 이는 AI 콘텐츠에서 소비자 신뢰를 구축할 수 있는 핵심 장치로 활용될 수 있다.

마지막 네 번째는 기존 경험의 확장으로 접근하는 전략이다. 앞서 서문에서도 이야기했듯이, 새로운 기술은 곧바로 받아들여지지 않는다. '새로움'에 열광하는 초기 수용자 그룹이 있는 반면, 대다수의 소비자들은 익숙함을 더 선호한다. 다시 말해 소비자 입장에서는 '나는 진정한 얼리 어댑터야'라는 반응보다는 '새롭지만 낯설지 않아'라는 반응을 이끌어 낼 수 있도록 안정감을 부여해 주는 것이 중요하다. K-팝 시장에서 '버추얼 아이돌'로서 처음 상업적인 성과를 만들어 낸 그룹은 2023년에 데뷔

한 '플레이브(PLAVE)'였다. 일반인에게는 노래하는 애니메이션 캐릭터처럼 낯설게 보였지만, 정작 플레이브 콘텐츠를 소비하는 팬덤은 기존 팬덤 경험과 다르지 않다는 점을 강조한다. 이들은 버추얼 캐릭터라는 기술 기반 위에 기존 K-팝 팬덤 경험을 그대로 이식함으로써 '다름'이 아닌 '익숙함 속의 새로움'을 전달했다. AI 기술은 단절이 아닌 연속성 위에서 수용될 때 감동으로 전환된다.

기술은 콘텐츠의 수단이지, 목적이 아니다. AI는 콘텐츠의 미래를 다시 쓰고 있지만, 그 변화의 중심에는 언제나 사람, 그리고 공감이 있다. AI가 기술적 가능성을 제공하는 한편, 콘텐츠가 시장에서 사랑받기 위해서는 철저한 소비자 관점의 전략이 필요하다. 기술을 넘어 감정을 설계하는 이 전략적 프레임이야말로, AI 시대에도 여전히 아티스트와 콘텐츠 기획자가 필요한 이유다.

참고문헌

매일신문(2021.2.5). [정덕현의 엔터인사이드] 과학기술 품은 방송의 명과 암, https://www.imaeil.com/page/view/2021020116524356811

연합뉴스(2020.12.6). AI로 부활한 가수들… 기술의 축복일까 논쟁의 시작일까,

https://www.yna.co.kr/view/AKR20201206048400005
전자신문(2023.5.8). 하이브 MIDNATT(미드낫), 6개 국어 메들리 공개… 혁신시도 통해 'Masquerade' 완성, https://www.etnews.com/20230508000186
BBC(2024.7.16). Will K-pop's AI experiment pay off?, https://www.bbc.com/news/articles/c4ngr3r0914o
Entertainment Weekly(2020.2.26). The Whitney Houston hologram tour is a tacky reproduction of the singer's work: Review, https://ew.com/music-reviews/2020/02/26/whitney-houston-hologram-tour-review/?srsltid=AfmBOooVIYfBWnVJxWbXdGB8ZN2EsIiF0Yjl1WjtCL4bOjKO4Xk3o2Yk
IQ Magazine(2024.9.30). ABBA VOYAGE Revenue topped £100M in 2023, https://www.iqmagazine.com/2024/09/abba-voyage-topped-100m-revenue-in-2023
MusicTech(2021.7.23). Fans condemn Whitney Houston hologram concert in Las Vegas: "Let her rest in peace", https://musictech.com/news/events/whitney-houston-fans-condemn-hologram-las-vegas-residency-harrahs

05
제조업에서의 전략

제조업은 국내 경제 성장을 견인해 온 전통 산업이자, 첨단 기술을 가능하게 하는 뿌리 산업이다. 한편으로는 타 분야에 비해 노동 집약적이며, 변화의 속도가 더딘 산업이기도 하다. 이러한 제조업 분야에서 AI 기술이 필요한 이유를 살펴보고, 대안적 설루션을 탐색하는 전략적 사고의 흐름을 고찰한다.

AI와 아이돌?

사람 손에 의존하는 노동 집약적 산업

제조업은 기계, 설비, 공정, 인력 등을 이용해 제품을 창조하거나 생산하는 활동을 일컫는다. 국가 경제의 기반 산업으로 고용과 부가가치 창출에 핵심적인 기여를 했으며, 각 분야의 고차 산업으로 연결되는 뿌리 산업이다.

기계와 기술의 발달로 제조업의 다양한 공정에서 자동화가 이뤄졌음에도 실제 제조 현장에서는 사람의 손에 의존하는 부분이 높다. 자동화에 들어가는 설비와 유지 운영 비용 때문이다. 또한 비정형적인 작업은 자동화가 더욱 어렵다.

제조업은 지금 디지털 전환의 과제를 마주하고 있다. 단순한 자동화를 넘어 데이터 기반의 의사 결정을 토대로 프로세스의 최적화를 꾀한다. 설비와 인력을 디지털로 연결하고, 실시간으로 데이터를 수집 · 분석해 공정의 효율을 극대화하는 스마트 팩토리(Smart Factory)가 그 중심에 있다.

더불어 탄소 중립과 지속 가능성 추구에 관한 범세계적인 움직임은 생산 방식의 전면적인 개편을 요구하고 있다. 공급 과정의 전 단계에서 탄소 배출량을 평가하는 ESG(환경, 사회, 지배구조) 기준을 맞추기 위해서는 제조 및 생산의 공정 개선뿐 아니라 그에 연동된 공급망 전체의 탄소 저감 전략이 필요하다. 사람 손에 의존하는 비율이 높은 노동 집약적 산업인 제조업에 인공지능의 도입이 필수인 이유다.

제조업 AI의 특수성

AI 기술을 제조업에 접목해 효율을 높이려는 시도는 여러 주체에서 다양하게 추진했지만 성공을 이룬 경우는 극소수다. 제조업 AI는 타 분야 AI와 구분되는 특성을 가진다. 이는 제조 분야에 AI 기술을 적용하는 것을 어렵게 만드는 요인이기도 하다.

데이터의 특수성

일반적인 AI 기술은 학습 데이터 확보가 필수적이며, 데이터의 규모와 품질에 따라 AI 성능에 큰 차이를 보인다. 타 분야에 비해 제조업에서 도출되는 데이터는 규정할 수 있는 기준이 모호한 경우가 많다. 단일한 변수로 이상 여부가 결정되지 않기 때문이다. 따라서 어디까지를 정상으로 볼 것인지, 그렇지 않은지를 결정하기가 쉽지 않다.

정상/비정상을 구분하는 임계점(Threshold)의 설정은 탐지의 정확성을 결정하는 기준이 된다. 그 기준이 너무 느슨하면 이상 탐지에 실패해 치명적인 문제를 야기하게 되고, 너무 엄격할 경우에는 제조 공정의 효율이 급격히 저하될 수 있다. 기준이 모호하다는 것은 그만큼 자동화가 어렵다는 의미이기도 하다. 투자 대비 AI 기술의 도입으로 얻을 수 있는 효용가치가 미미할 우려가 있다.

불연속적인 생산 환경

제조 환경에는 변수가 많다. 이는 외부 환경에 의한 불확실성과 내부 환경에 의한 불확실성으로 구분할 수 있다.

원자재의 공급 지연이나 가격 상승, 정책 및 규제의 변화 같은 외부 환경 요인은 제조 공정의 변화로 이어질 수 있다. 수입 재료가 많은 생산품은 외환시장 불안정성에 직접 노출된다.

설비 고장이나 생산 라인 개선도 빈번하다. 또한 노동 의존적인 만큼 사람에 의한 변수도 다양하다. 인적 자원의 가변성 및 숙련도의 차이 역시 주요한 내부 환경 요인에 해당한다.

환경적 요인으로 생산 과정에 변화가 발생했을 경우, 제조업은 그 특성상 빠르게 변화를 수용하기 어렵고, 불가피하게 일정 기간의 생산 중단, 즉 비가동 기간을 두기도 한다. 이는 데이터의 불연속으로 이어지며, 일련의 패턴 속에서 학습이 이뤄져야 하는 AI 모델의 성능에 악영향을 주게 된다. 현대 제조 산업은 설비가 지속적으로 진화하기 때문에, 학습을 위한 데이터 축적에 어려움을 겪는다.

공정상의 물리적 제약

대부분의 생산 설비는 고정 자산이며, 이는 쉽게 이동하거나 변경할 수 없다. 새로운 기술의 적용에 맞추어 유연하게 대응하기 어려운 특성을 지닌다. 따라서 제조업에서의 AI 기술 적용은 공정상의 제약을 극복하고 소기의 목적을 달성할 수 있도록 전후 처리 방법을 풀어 내는 과정에서 더 큰 어려움을 겪기도 한다. 가용 공간, 소요 시간, 안전사고 발생 가능성 등의 각종 제약을 극복하는 것은 적정 AI 기술을 구현하는 것과는 구분되는 핵심 문제다.

온도, 습도, 진동 같은 공정 변수로 인해 동일한 조건 내에서도 품질에 차이가 발생하는 특성 역시 까다로운 부분이다. 동일한 알고리즘이라도 특정 환경에서의 안정성을 확보하지 못하면 예측력에 큰 변동이 생길 수 있다.

결국 제조업에서 AI 기술을 효과적으로 활용하기 위

해서는 해당 공정에 특화된 도메인 지식을 기반으로 물리적 제약 요소를 반영해 프로세스를 설계하고, 실시간 제어 및 피드백 루프(Feedback Loop) 같은 동적 시스템 구축에 대한 고려가 함께 이뤄져야 한다.

비전 AI를 활용한 제조 공정의 이상 탐지

제조 공정상에는 제품의 품질을 높이고, 리스크를 낮추기 위한 다양한 절차와 기술, 그리고 인력이 도입된다. 특히 품질 검수 및 이상 탐지 과정에서는 사람의 눈이 기준이 되는 경우가 많다. 정형적이지 않은 형태의 원재료를 사용하거나, 공정상 각종 이물질이 섞여 들어가기 쉬운 제품의 생산에는 자동화가 쉽지 않다. 또한, 이물질이 섞여 들어갈 경우, 치명적인 위험을 유발할 수 있는 제품군은 이상 탐지 정확도의 기준이 상당히 높을 수밖에 없다.

이상 탐지는 이물질 혼입, 누락, 부패 또는 변질, 오염, 불량 포장 등 문제 상황이 다양하다. 이렇듯 다양한 유형의 이상 상황에 대응하기 위해 특정 라인에 인력을 집중 배치하고, 실시간으로 이물질 검출 및 제거를 실시하기도 한다.

국내 모 식품 기업의 제조 공장에서는 재료 세척 및 손질 공정을 자동화했음에도, 그 이후에 남아 있는 이물질을 제거하기 위한 고정 인력 다수를 배치했다. 하지만 이물질을 완벽하게 제거하는 데에는 여전히 어려움을 겪고 있었다. 혼입되는 이물질의 종류가 다양하고 크기가 작아 육안으로 놓치는 경우가 자주 발생했다. 원재료의 형태와 색상이 고르지 않은 특징은 이물질 분류를 더욱 어렵게 만드는 부분이었다. 이에 AI 기술을 활용하기로 결정하고, 외부에 연구 개발을 의뢰했다.

비전 기술 기반의 인공지능(Vision AI)은 기존의 수작업을 대체하거나 보완할 수 있는 핵심 기술로 부상하고 있다. 비전 AI는 카메라를 통해 수집한 이미지를 기반으로 대상의 외관, 형상, 위치, 특징 등을 실시간으로 분석한다. 단순히 불량 여부를 판단하는 것을 넘어, 반복적인 이상 패턴을 학습하고, 이를 토대로 예측도 가능하다. 비정형 데이터인 이미지를 그대로 활용해 그 안에서 대상의 특징을 찾아낸다는 것은 인간의 암묵지를 시스템화하는 데 지대한 역할을 가능하게 하는 부분이다. 사람이 사전에 정의한 명확한 규칙에 따라 시스템이 동작하는 기존의 규칙 기반(Rule-based) 방식과 달리, 실제 데이터를 통해 판단 기준을 스스로 업데이트할 수 있다는 점에서 유연성과 확장성이 뛰어나다.

이상 탐지 AI 모델을 만드는 방법은 크게 두 가지로 구분할 수 있다. 이물질에 해당하는 유형을 지속적으로 학습시켜 처음 접하는 상황에서도 검출할 수 있게 만드는 지도 학습과, 정상 패턴에만 노출해 이러한 상황에서 벗어난 경우를 감지할 수 있도록 만드는 비지도 학습이다. '두 가지를 방법을 결합한 방식(Ensemble Method)'으로 결론을 얻는 것도 가능하다.

이러한 AI 기술을 현장에 적용하기 위해서는 제품의 특성, 제조 환경, 공정의 복잡도, 작업자의 협력 등을 다면적으로 고려해야 하며, 무엇보다 양질의 데이터를 확보해 모델의 성능을 향상할 수 있는 기반이 필요하다.

제조업이 필요로 하는 AI 전략

AI 기술이 무조건적인 답은 아니다. 다양한 대안 중의 하나로 AI 기술을 비교하고, 필요시 이를 구현해 적용하기 위한 전략적 접근이 중요하다. 그리고 이를 위해서는 문제를 정의하는 것이 중요하다.

식품 제조 공정에서 이물질이 혼입되는 상황은 '불량을 정상으로 판단(False Negative)'해 위해 요소를 놓치는 경우를 반드시 막아야 하는 문제다. '정상 재료나 제품을 이물질로 판단(False Positive)'해 버리는 상황 역시 손실을 초래하므로 문제가 되지만 치명적이지는 않다.

따라서 단순한 검출 정확도보다 이상 여부를 놓치지 않고 찾아내는 민감도(Recall)의 극대화가 핵심이다. 단순히 모델의 신뢰도(Confidence Score)에 치중하기보다는 위해 요소 탐지 누락률(False Negative Rate, FNR)을 0%에 가까운 구조로 만들기 위한 노력이 필요하다.

실제로 AI를 활용한 식품 제조 공정의 이상 탐지 사례에서는 데이터 전처리를 통해 미세한 이물질 패턴이 더 잘 눈에 띄도록 가공하고, 다양한 방식의 모델을 병렬로 배치해 향상된 추론이 가능하도록 설계했다. AI 모델이 추론한 내용에 대한 피드백을 제공해 현장 상황에 따라 지속적인 학습 및 보완이 가능하도록 체계를 구축하는 것 역시 중요한 접근법이었다.

제조업은 고정된 설비 구조, 반복적 공정, 인력 의존도가 높은 운영 환경에서 돌아가는 산업이다. 현장 여건 변화, 공정 개선 등의 이유로 가동 중단 및 재가동이 반복되는 특징이 있다. 따라서 고차 산업에 비해 다양한 변수들이 실시간으로 발생하며, 이를 통제하기가 쉽지 않다. 이는 막대한 비용 손실로 이어질 수 있다.

제조업 환경에서 AI는 만능 해법이 아니라 특정 문제 해결을 위한 실용적인 특수 해법이자 맞춤형 도구로 이해되어야 한다. 따라서 AI 기술을 어디에, 어떻게 쓸 것인지에 치중하기보다는 무엇을 위해, 왜 써야 하는가를 명확히 하고, 해결하려는 문제를 구체화할 필요가 있다.

제조업은 오랜 시간 축적된 작업자의 숙련도와 현장 중심의 작업 방식을 기반으로 성장해 왔다. 이러한 산업에서 AI 기술이 성과를 내기 위해서는 기존 인력과의 조화를 꾀하는 전략 또한 고려되어야 한다. 협동형 인터페이스(Human-in-the-loop UI)는 상호 보완적 구조로 현장의 치명적인 리스크를 제거하는 데 인간과 AI의 장점을 극대화할 수 있다.

AI 기술이 단순한 생산 도구가 아니라 현장의 변동성과 리스크를 제어하는 전략적 자산으로 활용될 때 제조업 분야의 혁신적 발전이 가능하다. 반복적이고 오류 가능성이 높은 업무를 자동화함으로써 작업자의 판단력을 더욱 정밀하고 전략적인 의사 결정으로 전환할 기회다.

참고문헌

위키백과. 항목 '제조업',
https://ko.wikipedia.org/wiki/%EC%A0%9C%EC%A1%B0%EC%97%85

장영재(2024.11). 가상 환경서 제조 설비를 AI 학습시켜 '소프트웨어 기반 공장'이 제조업의 미래. *DBR*, 404,

https://dbr.donga.com/article/view/1101/article_no/11456
한국민족문화대백과사전. 항목 '제조업',
https://encykorea.aks.ac.kr/Article/E0051397

06
보안 관제에서의 전략

보안 관제는 AI 도입이 가장 활발히 이뤄진 분야 중 하나다. '이상 징후를 탐지한다'는 명확한 목표와 AI 학습에 필수적인 '풍부한 영상 데이터'라는 조건이 완벽하게 갖춰져 있었기 때문이다. 실제로 수많은 조직이 최신 비전 AI(Vision AI, 컴퓨터 시각 인식)와 행동 분석 기술을 도입했고, 기술 자체의 완성도도 상당한 수준에 도달했다. 이 장에서는 지자체 스마트 시티 안전 관제 시스템 구축 사례를 통해, 이런 전략적 공백들을 체계적으로 해결하고 AI 기술을 실질적인 보안 성과로 전환할 수 있는지 구체적으로 살펴보겠다.

AI와 야구?

보안 관제는 AI 도입이 가장 활발히 이뤄진 분야 중 하나다. '이상 징후를 탐지한다'는 명확한 목표와 AI 학습에 필수적인 '풍부한 영상 데이터'라는 조건이 완벽하게 갖춰져 있었기 때문이다. 실제로 수많은 조직이 최신 비전 AI(Vision AI, 컴퓨터 시각 인식)와 행동 분석 기술을 도입했고, 기술 자체의 완성도도 상당한 수준에 도달했다.

하지만 실제 현장에서 들려오는 목소리는 전혀 달랐다. 고성능 AI 시스템이 하루 종일 쏟아내는 수백 개의 경고음 속에서, 정작 진짜 중요한 위험 신호는 찾을 수 없었다.

실제 침입자는 놓치면서 고양이가 지나가거나 나뭇가지가 흔들리는 일상적인 움직임을 위협으로 판단해 경보를 울리니, 결국 보안 담당자들이 시스템을 아예 꺼 버리는 일이 반복됐다. 기술은 날로 발전하는데 실제 보안 효과는 오히려 이전보다 못한 아이러니한 상황이 벌어진 것이다.

이런 문제가 왜 생겼는지 근본 원인을 파헤쳐 보면, 세 가지 핵심 전략이 빠져 있음을 알 수 있다.

첫째는 '무엇이 정상이고 무엇이 위험인지'에 대한 기준이 없다는 점이다. 각 조직의 특성과 관제 현장의 개별 상황을 고려하지 않고 '범용 AI 알고리즘'과 '일반적인 기준'에만 의존한 결과, 현실과 동떨어진 엉뚱한 판단이 계속 반복되는 상황이 발생하는 것이다.

둘째는 AI**를 구축한 이후 지속적으로 관리하고 개선하는 전략이 없다는 점이다**. 대부분의 조직이 AI 시스템을 한 번 구축해 놓고 나면 그것으로 끝이라고 생각한다. 하지만 현실에서는 새로운 위협 패턴이 계속 생겨나고 환경도 변한다. 체계적인 재학습 계획이나 성능 개선 전략이 없다면, 시간이 지날수록 AI는 점점 현실과 동떨어진 판단을 내리게 되고 결국 사용자의 외면을 받게 된다.

셋째는 AI**가 위험을 탐지해도 실제 대응으로 연결되지 않는다는 점이다**. AI가 위험 상황을 포착해도 이를 관련 기관에 신속하게 알리고 실제 보안 조치로 이어 주는 체계가 마련되어 있지 않은 경우가 많다. 그러다 보니 '감지는 되지만 대응은 안 되는' 답답한 상황이 반복된다. 지자체 스마트 시티 안전 관제 시스템 구축 사례를 통해, 이런 전략적 공백들을 체계적으로 해결하고 AI 기술을 실질적인 보안 성과로 전환할 수 있는지 구체적으로 살펴보겠다.

기준의 부재: 맥락을 잃은 AI의 혼란

잘못된 경보(오탐지)가 자꾸 발생하는 것은 단순히 알고리즘 기술이 부족해서가 아닐 수 있다. 오히려 '위험한 상황'과 '정상 상황'을 구분하는 기준이 현장 실정과 맞지 않거나, 이를 체계적으로 정리하지 못했기 때문일 가능성이 높다.

많은 시스템이 AI 업체에서 제공하는 범용 기준을 그대로 사용하다 보니, 우리 조직의 실제 상황과 맞지 않는 경고가 계속 발생한다. 이런 일이 반복되면 보안 담당자들이 경고 자체(alert fatigue)를 무시하게 되고, 결국 진짜 위험 상황이 와도 제대로 대응하지 못하게 될 수 있다.

맥락의 중요성

핵심 문제는 AI가 감지한 정보를 '어떻게 해석할 것인가'에 대한 명확한 전략이 없다는 점이다.

특히 보안 분야에서는 '위험함'과 '안전함'의 경계를 숫자로 딱 잘라 정의하기가 쉽지 않다. 예를 들어 새벽 2시에 누군가 건물에 들어오는 상황을 생각해 보자. 업종과 조직 특성에 따라 이 상황의 의미는 완전히 달라질 수 있다. 24시간 가동되는 공장에서의 새벽 2시 출입은 정상적인 교대 근무일 가능성이 높지만, 평소 오후 6시면 문을 닫는 일반 사무실의 새벽 2시 출입은 의심스러운 상황이 될 수 있다. 똑같은 '새벽 출입'이지만 상황에 따라 해석이 달라져야 하는 것이다.

AI 학습의 문제점

이런 맥락 기준이 모호하면 AI를 학습하는 단계에서부터 문제가 생긴다.

명확한 기준 없이 데이터를 모으다 보면, 똑같은 상황을 어떨 때는 '정상'이라고 라벨을 붙이고 어떨 때는 '비정상'이라고 표시하게 된다. 그러면 AI는 일관성 없는 패턴을 학습하게 되어 헷갈릴 수밖에 없다. 결국 모호한 기준으로 학습된 AI는 모호한 판단을 내릴 가능성이 높다.

오탐지의 악순환

하지만 많은 시스템이 이런 현장별 맥락을 고려하지 못하고 범용 알고리즘에만 의존하다 보니, 정작 위험한 상황은 놓치면서 별 문제 없는 상황에 경보를 남발하는 경우가 많다. 더 심각한 문제는 이런 잘못된 경보가 계속 쌓이면서 보안 담당자들이 아예 경고음 자체를 믿지 않게 된다는 점이다. 그러다 보면 실제 위험한 일이 일어나도 '어차피 또 거짓 경보겠지'라고 생각해서 대응이 늦어지거나 아예 무시하는 악순환이 생길 수 있다.

해결 방향

이런 문제를 해결하려면 경고 기준을 현장 맥락에 맞게 조정하고, 상황별로 대응 민감도를 다르게 설정하며, 위험이 어떻게 흘러가는지 고려한 전략적인 기준 설계가 필요하다. 아무리 AI 기술이 발전해도 '무엇을, 언제, 어떤 상황에서 위험으로 볼 것인가'를 정의하는 일은 결국 기술 자체가 아니라 전략적인 기준 설계의 영역이라고 볼 수 있다.

기술 구현 전략의 부재: 방치된 AI의 성능 퇴화

AI 보안 시스템이 가진 또 다른 심각한 문제는 시스템을 구축한 후 지속적으로 관리하는 전략이 없다는 점이다. 많은 조직이 최신 AI 기술을 도입해 놓고도 '일회성 프로젝트'로 생각하다 보니, 시간이 지나면서 성능이 눈에 띄게 떨어지는 문제를 겪고 있다.

변화하는 환경, 고정된 AI

보안을 둘러싼 환경은 끊임없이 변한다. 새로운 형태의

위협이 나타나고, 사람들의 일상적인 행동 패턴도 계속 바뀐다. 예를 들어 코로나19 이후 재택 근무가 늘어나면서 사무실 출입 패턴이 완전히 달라졌고, 요즘은 배송 드론이나 청소 로봇 같은 새로운 기기들이 감시 구역에 자주 나타난다.

하지만 처음에 만들어진 AI 모델은 이런 변화를 따라가지 못하고 예전 데이터에만 의존하다 보니, 점점 현실과 동떨어진 판단을 내리게 될 가능성이 높다.

마치 10년 전 지도를 들고 지금의 도시를 다니는 것과 비슷한 상황이라고 볼 수 있다. 새로운 도로가 생기고 건물이 바뀌었는데 옛날 지도만 보고 있으니 길을 잃을 수밖에 없다.

관리 체계의 부재

더 심각한 것은 대부분 조직이 AI 모델을 새로 학습시키거나 업데이트하기 위한 체계적인 계획 자체가 없다는 점이다. 새로운 데이터를 모으고, 정리하고, AI를 다시 훈련시키고, 성능을 확인하고, 현장에 적용하는 등의 과정을 정기적으로 수행할 수 있는 체계적인 운영 방식(MLOps, Machine Learning Operations)이 갖춰져 있지 않은 경우가 많다. 이는 마치 자동차를 사 놓고 정기 점검이나 오일 교환 같은 관리는 전혀 하지 않는 것과 같다. 처음에는 잘 돌아가지만 시간이 지나면서 점점 문제가 생기기 시작한다.

그 결과 처음에는 90% 이상의 정확도를 보이던 시스템이 6개월만 지나도 70% 이하로 떨어지는 사례를 자주 볼 수 있다. 이런 성능 저하 곡선은 예상보다 훨씬 가파를 수 있다.

신뢰도 훼손의 악순환

이런 성능 저하는 단순한 기술 문제를 넘어서 조직 전체가 AI를 불신하게 만드는 더 큰 문제로 이어질 수 있다. 사용자들이 "AI가 또 잘못 판단했네"라며 시스템을 신뢰하지 않게 되고, 결국 많은 비용을 들여 도입한 첨단 기술이 아무 소용 없게 되는 상황이 벌어질 수 있다.

이는 일종의 '기술 불신 나선'이라고 볼 수 있다. 성능이 떨어지면 → 사용자가 불신하게 되고 → 시스템 활용도가 낮아지며 → 피드백이 줄어들어 → 더욱 성능이 악화되는 악순환이 반복되는 것이다.

지속적 관리의 필요성

이런 성능 저하는 단순한 기술적 문제를 넘어 조직 전체의 AI 신뢰도를 훼손한다. 사용자들은 "AI가 또 틀렸다"며 시스템을 불신하게 되고, 결국 막대한 투자 비용을 들인 첨단 기술이 무용지물이 되는 상황에 이른다.

성공적인 AI 보안 시스템을 운영하려면 처음 만드는 것만큼이나 지속적으로 개선해 나가는 전략이 중요하다. 정기적으로 성능을 점검하고, 새로운 위협 패턴을 빠르게 학습에 반영하며, 환경 변화에 맞춰 알고리즘을 조정하는 등의 작업이 체계적으로 이뤄져야 한다.

이를 위해서는 몇 가지 핵심 요소들을 고려해 볼 수 있다.

- 정기적 건강 진단: 매월 또는 분기별로 AI 시스템의 성능을 체크하고, 어느 부분에서 문제가 생기고 있는지 파악한다.
- 새로운 데이터 수집: 현장에서 발생하는 새로운 패턴이나 상황들을 지속적으로 수집하여 학습 데이터에 반영한다.
- 점진적 개선: 한 번에 전체를 바꾸기보다는 문제가 되는 부분을 단계적으로 개선해 나간다.
- 피드백 체계 구축: 실제 사용자들로부터 지속적으로 의견을 받아 시스템 개선에 활용한다.

AI는 한번 만들어 놓으면 영원히 작동하는 기계가 아

니라, 지속적인 관심과 관리가 필요한 살아있는 시스템에 가깝다고 볼 수 있다. 마치 정원을 가꾸듯이 꾸준한 관리와 손길이 있어야 제대로 된 결과를 얻을 수 있는 것이다.

통합 대응의 부재: 탐지는 되지만 대응되지 않는 무력함

보안 관제에서 가장 치명적인 문제는 위험을 발견해도 실제로 대응하지 못하는 상황이다. AI가 수백 개의 이상 징후를 찾아내더라도, 그것이 구체적인 행동으로 이어지지 않으면 결국 아무 소용이 없기 때문이다. 진정한 보안 시스템은 '위험 포착 → 상황 판단 → 즉시 대응'이 자연스럽게 연결되어야 하는 살아 있는 프로세스여야 한다.

대응 체계 부재의 현실

현재 대부분의 조직이 겪고 있는 문제는 AI가 경고를 보내면 보안 담당자가 모니터를 보며 "이게 뭐지?"라고 고민하는 상황에서 멈춘다는 점이다. 시스템이 "건물 후면에서 움직임 감지"라고 알려 줘도, 그다음에 누가 무엇을 해야 하는지 명확하지 않다.

이는 마치 화재경보기가 울려도 소화기가 어디 있는지 모르고, 누가 119에 신고해야 하는지도 정해지지 않은 상황과 같다고 볼 수 있다. 경보는 울리지만 실제 불을 끄는 행동은 일어나지 않는 것이다.

즉시 대응 가능한 시나리오 설계의 필요성

효과적인 대응을 위해서는 상황별로 구체적인 행동 계획이 미리 준비되어야 한다.

예를 들면 아래와 같다.

● 야간 무단 출입 감지 → 즉시 현장 보안요원 출동 + CCTV 실시간 모니터링 + 경찰 신고 준비

● 근무 시간 내 미등록 차량 진입 → 출입 관리실 확인 + 방문 예정자 명단 대조 + 필요시 차량 차단

● 위험 구역 접근 → 자동 경고 방송 + 해당 구역 관리자 즉시 연락 + 출입 통제 가동

시나리오마다 "누가, 언제, 무엇을, 어떻게" 해야 하는지가 세밀하게 정해져 있어야 한다.

자동 대응과 담당자 판단의 조합

가장 중요한 것은 일부 상황에서는 사람의 판단을 기다리지 않고 즉시 자동으로 대응이 시작되어야 한다는 점

이다. 위험도가 높은 상황에서는 AI가 감지하는 순간 자동으로 다음과 같은 대응이 활성화되어야 한다.

- 해당 구역 출입문 자동 잠금
- 관련 부서 담당자에게 긴급 알림 발송
- 보안 카메라 해당 지점 자동 확대 및 녹화 시작
- 상황실 디스플레이에 실시간 상황 표시

이런 즉각적인 1차 대응이 자동으로 진행되는 동안, 보안 담당자는 상황을 정확히 파악하고 추가 조치를 결정할 시간을 확보할 수 있다.

단계별 대응 에스컬레이션

상황의 심각성에 따라 대응 강도도 단계적으로 높아져야 한다.

- 1단계 (경미한 이상): 담당자 알림 + 상황 모니터링
- 2단계 (주의 필요): 현장 확인 + 관련 부서 연락
- 3단계 (긴급 상황): 즉시 출동 + 외부 기관 연락 + 전사 비상 체계 가동

예를 들어, 같은 '외부인 출입' 상황이라도 평일 오후 로비에서 일어난 일은 1단계 대응으로 충분하지만, 새벽 3시 서버실 근처에서 일어난다면 즉시 3단계 대응이 필요한 상황이라고 볼 수 있다.

실시간 의사 결정 지원 시스템의 구축

AI는 단순히 '뭔가 이상하다'고 알리는 것을 넘어서, 구체적인 대응 옵션을 제시해야 한다.

"서버실 근처에서 미등록 인원 감지됨"

→ 추천 대응: 즉시 보안요원 출동, 해당 구역 출입 차단, IT 보안팀 비상 연락

→ 예상 소요 시간: 보안요원 도착까지 3분, 상황 확인까지 7분

→ 대안 옵션: 원격 음성 경고 우선 실시, CCTV 확대 모니터링

이렇게 구체적인 행동 지침과 선택지를 제공해야 보안 담당자가 빠르게 판단하고 즉시 행동에 옮길 수 있다.

통합 커뮤니케이션 체계

대응이 효과적으로 이루어지려면 관련된 모든 사람이 실시간으로 정보를 공유해야 한다. AI가 위험을 감지하는 순간 다음 대응이 이루어져야 한다.

- 현장 보안요원의 모바일에 정확한 위치와 상황 정보 전송
- 관련 부서 관리자에게 상황 브리핑 자동 발송
- 상황실 대형 화면에 실시간 대응 현황 표시

● 필요 시 전사 비상연락망 자동 가동

모든 관련자가 같은 정보를 동시에 보면서 각자의 역할에 따라 협조적으로 대응할 수 있는 환경이 만들어져야 한다.

대응 후 즉시 피드백과 개선

대응이 완료된 후에는 즉시 전체 과정을 검토하고 개선점을 찾아야 한다. 초기 감지부터 상황 종료까지 걸린 시간 분석, 단계별 대응의 적절성 평가, 놓친 부분이나 개선 가능한 지점 파악, 유사 상황 발생 시 더 효과적인 대응 방안 수립 등을 기준으로 지속적인 학습과 개선이 있어야 대응 체계가 점점 더 정교해지고 실효성을 갖게 된다.

복합 상황에서의 종합 대응

특히 여러 위험이 동시에 발생하는 복합 상황에서는 더욱 체계적인 대응이 필요하다. 사이버 공격과 물리적 침입이 동시에 일어나거나, 자연재해 중에 보안 시스템 장애가 발생하는 등의 상황에서는

● 우선순위 자동 판단 및 자원 배분
● 다중 대응팀 간의 실시간 협조 체계

- 상황별 비상 매뉴얼 즉시 활성화
- 외부 지원 기관과의 신속한 연계

이런 복합 리스크에 대비한 시뮬레이션과 대응 시나리오를 미리 준비하는 것이, 전략적 AI 활용의 핵심 요소가 될 수 있다.

결론: 대응 중심의 보안 체계

결국 진정한 보안은 위험을 찾아내는 것에서 시작되지만, 그 위험에 즉시 대응하는 것에서 완성된다고 볼 수 있다. AI가 아무리 정교하게 위협을 감지해도, 그것이 신속하고 정확한 대응 행동으로 이어지지 않으면 보안은 실패할 수밖에 없다.

따라서 보안 시스템을 구축할 때는 '무엇을 감지할 것인가'보다 '감지된 위험에 어떻게 대응할 것인가'에 더 많은 시간과 자원을 투입해야 한다. 완벽한 감지보다는 신속한 대응이, 복잡한 분석보다는 즉각적인 행동이 실제 안전을 지키는 핵심이기 때문이다.

AI 기반 보안 관제 전략 프레임워크

AI가 보안 관제 영역에서 실질적인 가치를 창출하기 위해서는 데이터와 조직 운영을 잇는 전략적 연결 구조가 필요하다. 이를 위해 제안하는 보안 관제 AI 전략 프레임워크는 다음의 4단계로 구성된다.

1. 문제 정의: '무엇이 위험인가'의 재설정

■ Task 정의: AI가 감지할 대상을 단순히 '이상 징후'로 정의하는 것은 충분하지 않다. 실제 운영 리스크와 연결된 '행동 단위'로 위험을 재정의해야 한다는 것이다.

■ 주요 활동:

● 조직 특성 분석: 산업군, 운영 시간, 물리적 환경, 보안 수준 등 조직 고유 특성을 파악하는 것이 첫 번째 단계다.

● 위험 요소 식별: 무단출입, 비정상 체류 시간, 동선 이탈, 금지 구역 접근 등 구체적 위험 행위를 정의해야 한다.

● 비즈니스 임팩트 평가: 각 위험 요소가 조직에 미치는 실질적 피해 규모와 우선순위를 설정하는 작업이 필요하다.

● 현장 맥락 반영: 시간대별, 상황별 위험의 상대적 중

요도 차이를 고려해야 한다는 점이 중요하다.

■ 핵심 산출물: 조직별 위험 요소 정의서, 위험 등급 매트릭스, 상황별 위험 기준 가이드라인이 만들어져야 한다.

2. 기준 설계: 탐지와 대응의 정렬

■ Task 정의: 탐지 및 대응 기준은 기술 논리가 아닌 운영 환경의 현실에 기반해 조정되어야 한다. 이를 위해 감지 민감도, 알람 발생 조건, 대응 트리거 등을 조직의 특성과 리스크 허용 범위에 따라 세밀하게 설계하는 것이 핵심이다.

■ 주요 활동:

● 정량적 기준 설정: 시간, 거리, 빈도 등 측정 가능한 임곗값을 정의하는 작업이 필요하다.

● 정성적 기준 통합: 운영팀 경험과 도메인 지식을 반영한 판단 기준을 수립해야 한다.

● 상황별 기준 차별화: 평상시/비상시, 주간/야간, 일반 구역/민감 구역 등 상황에 따른 기준을 세분화하는 것이 중요하다.

● 피드백 루프 설계: 운영팀의 지속적 피드백을 통한 기준 개선 체계를 구축해야 한다.

이는 마치 교통신호를 설치할 때 단순히 기술적 기준만으로 신호 시간을 정하는 것이 아니라, 해당 교차로의 교통량, 보행자 패턴, 주변 환경을 모두 고려해서 최적의 신호 체계를 만드는 것과 비슷하다고 볼 수 있다.

■ 핵심 산출물: 탐지 임곗값 설정 가이드, 상황별 판단 기준 매뉴얼, 성능 평가 지표 체계가 완성되어야 한다.

3. 기술 구현: 전략 수립 및 실행

■ Task 정의: 단순한 AI 모델 구축을 넘어, 지속적 성능 향상과 환경 변화 적응을 위한 체계적 기술 전략을 수립하고 실행하는 것이 목표다.

■ 주요 활동:

● MLOps 체계 구축: 데이터 수집 → 라벨링 → 학습 → 검증 → 배포 → 모니터링의 자동화된 파이프라인을 구성해야 한다.

● 재학습 전략 설계: 정기적 재학습 주기, 트리거 조건, 성능 임곗값 등 체계적 업데이트 방안이 필요하다.

● 성능 모니터링 시스템: 실시간 성능 추적, 성능 저하 조기 감지, 알림 체계를 구축하는 것이 중요하다.

● 적응적 학습 체계: 새로운 위협 패턴, 환경 변화, 운영 조건 변화에 대한 신속한 적응 메커니즘을 만들어야 한

다.

● 버전 관리 및 롤백: 모델 버전 관리, 성능 문제 시 이전 버전 복구 체계가 갖춰져야 한다는 점이 중요하다.

이런 기술 운영 체계는 마치 자동차의 정기 점검과 유지보수 시스템과 비슷하다고 볼 수 있다. 한번 만들어 놓고 그냥 두는 것이 아니라, 지속적으로 상태를 점검하고 필요한 부분을 교체하거나 업그레이드해야 최적의 성능을 유지할 수 있는 것이다.

■ 핵심 산출물: MLOps 아키텍처 설계서, 재학습 일정 및 절차서, 성능 모니터링 대시보드, 기술 운영 매뉴얼이 완성되어야 한다.

4. 통합 운영: AI 중심의 새로운 업무 방식 내재화

■ Task 정의: AI의 탐지 결과가 의미를 가지려면, 그것이 실제 행동과 연결되어야 한다. 더 나아가 AI를 활용한 새로운 업무 방식을 정착시켜 조직 전체의 보안 역량을 향상하는 것이 최종 목표다.

■ 주요 활동:

● 자동 대응 체계: AI 탐지 → 자동 알림 → 인력 배치 → 대응 절차 실행까지의 매끄러운 연동이 이루어져야 한다.

● 의사 결정 지원 시스템: AI 분석 결과를 바탕으로 한 상황 판단 및 대응 방안을 추천하는 체계가 필요하다.
● 역할 재정의: AI 도입으로 변화된 보안 담당자의 역할과 책임을 명확하게 정의해야 한다.
● 협업 프로세스 구축: AI-인간 협업을 위한 새로운 업무 흐름과 커뮤니케이션 체계를 만들어야 한다.
● 역량 개발: AI 시대 보안 관제 요원의 필요 역량과 교육 프로그램을 설계하는 것이 중요하다.
● 성과 측정 체계: AI 활용 효과성 측정과 지속적 개선을 위한 핵심성과지표(KPI)를 설정해야 한다.

이런 통합 운영은 마치 오케스트라에서 지휘자와 각 연주자들이 조화롭게 협력하는 것과 비슷하다고 볼 수 있다. AI라는 새로운 '연주자'가 합류했을 때, 기존 연주자들과 어떻게 호흡을 맞춰 더 나은 연주를 만들어 낼지 전체적인 조율이 필요한 것이다.

● 핵심 산출물: 통합 운영 프로세스 맵, 역할 책임 매트릭스, 교육 훈련 프로그램, 성과 관리 체계가 구축되어야 한다.

프레임워크의 핵심 관점

이 4단계 프레임워크의 핵심은 기술 중심이 아닌 '문제 해결 중심'의 접근이라는 점이다. AI 기술 자체보다는 조직이 실제로 겪고 있는 보안 문제를 어떻게 효과적으로 해결할 것인가에 초점을 맞춘 것이다. 각 단계가 독립적으로 작동하는 것이 아니라 서로 연결되어 순환하는 구조로 설계되었다는 점도 중요하다. 운영 과정에서 발견되는 문제들이 다시 문제 정의 단계로 피드백되어 지속적으로 개선되는 선순환 구조를 만드는 것이 목표다.

전략적 도구로서 프레임워크

이 프레임워크는 기술을 '어떻게' 도입할 것인가보다 '왜' 도입해야 하는가를 명확히 해 주는 전략적 도구다. 단순 기능 구현을 넘어, 운영 체계 속에 기술을 효과적으로 녹여 내기 위한 실천적 구조로 작동한다.

또한, 이 프레임워크는 고정된 절차가 아닌 순환적 구조로 설계되어 있다. 각 단계는 독립적으로 기능하기보다는 실행 과정에서 상호작용하며 반복적으로 보완된다. 예를 들어, 통합 운영 과정에서 드러난 문제는 기준 설계의 조정으로 이어지고, 이는 다시 문제 정의를 재검토하게 만든다.

이러한 순환적 개선 구조는 보안 체계를 일회성 설루션이 아닌, 지속적으로 진화하는 전략 시스템으로 전환

한다. 궁극적으로 이 프레임워크는 기술과 운영의 간극을 메우고, AI 도입의 전략적 목적을 현실화하는 설계도 역할을 수행한다.

지자체 스마트 시티 안전 관제 시스템 구축

A시는 혁신 도시 조성과 함께 스마트 시티 안전 관제 시스템을 구축했다. 시스템 통합(SI) 전문 기업을 통해 CCTV 기반 AI 시스템을 도입했지만, AI 정확도 부족으로 오탐지가 빈발했고, 경찰서와 소방서 등 핵심 대응 기관과의 연동도 형식적 수준에 머물렀다. 이 프로젝트는 공원 등 일반인 휴양 지역과 스마트 교차로 두 곳을 중심으로 4단계 전략 프레임워크를 적용한 사례다.

1단계: 문제 정의 - 실질적 위험 상황의 재정의

1단계 문제 정의에서는 기존 범용 AI의 일반적 '객체 감지' 방식을 넘어, 실제 안전 위험 상황을 구체적으로 재정의하는 작업부터 시작했다. 주요 인식 객체와 별개로 실제 위험 상황을 시나리오 기반으로 정의하고, 해당 상황이 발생했을 때 AI가 이를 우선적으로 식별하고 시각적으로 강조하도록 설계한 것이다.

기존의 '소방차', '경찰차' 인식 형태가 아닌 '무단 횡단을 하는 사람', '공원에 소형차 및 이륜차로 주행하는 상황' 등으로 위험 상황을 보다 실질적으로 정의했다. 이는 단순히 '사람이 있다'가 아니라 '언제, 어떤 상황에서 위험한가'를 명확히 구분한 것이라고 볼 수 있다.

예를 들어, 기존에는 공원에서 자전거가 감지되면 무조건 알림이 발생했지만, 새로운 정의에서는 '밤 10시 이후 공원 내 차량 진입'이나 '보행 전용 구역에서 이륜차 고속 주행' 같은 구체적인 위험 행위에만 반응하도록 바꾼 것이다.

2단계: 기준 설계 - 현실적 대응 기준의 구체화

2단계 기준 설계에서는 안전 관제 사무관과 함께 위험 시나리오의 기준을 설계하는 작업을 진행했다. 이를 위해 경찰서, 소방서 담당자들과의 인터뷰를 통해 실제 출동이 필요한 상황을 정량화했다.

공원의 경우, 심야 무단 차량 진입 시 즉시 경고를 발령하고, 교차로에서는 무단 횡단 패턴과 사고 관련 위험 지표를 도출하는 방식으로 접근했다. 단순 객체 탐지가 아닌 위험 행동 패턴 중심으로 판단 기준을 재설계해서, 패턴별 중요도 수준을 단계별로 구조화한 것이다.

이는 마치 의료진이 환자의 증상을 단순히 '열이 있다'

로 판단하는 것이 아니라, '언제부터, 어떤 상황에서, 얼마나 지속되는 열인가'를 종합적으로 판단해서 치료 방침을 정하는 것과 비슷한 접근이라고 볼 수 있다.

3단계: 기술 구현 - 점진적 개선을 통한 안정화

3단계 기술 구현에서는 기존 시스템을 전면 교체하는 대신 점진적 개선을 선택했다. A시 내 실제 사건 데이터를 활용한 재학습을 진행하고, 시나리오 기반 위험 상황 탐지 알고리즘을 새롭게 검토한 후 개발하는 방식을 택했다.

월 1회 정기 성능 평가와 피드백 반영 체계를 구축했으며, 특히 계절별 공원 이용 패턴과 교차로 교통량 변화를 반영한 적응적 학습을 도입했다는 점이 중요하다. 이런 기술적 검토는 범용 설루션이 아닌 A시의 구체적 문제에 특화된 방법을 기반으로 진행했다.

예를 들어, 여름철에는 공원 이용객 늘어나면서 정상적인 야간 활동도 증가하는 패턴을 학습시켜, 단순히 '밤에 사람이 있다'는 이유로 경보를 발령하지 않도록 조정한 것이다. 이런 세밀한 조정이 오탐지를 크게 줄이는 결과로 이어졌다.

4단계: 통합 운영 - 실질적 대응 체계의 완성

4단계 통합 운영에서는 대응 기관과의 실질적 연동 체계를 구축하는 것에 중점을 두었다. AI가 위험 시나리오를 감지하면, 해당 구역 관할 기관에 상황 정보와 현장 영상이 자동 전송되도록 했고, 관제 센터 직원들은 상황 해석과 대응 조율 역할로 전환했다.

이전에는 관제 센터에서 "뭔가 이상한 것 같다"는 모호한 신고를 받은 경찰이나 소방서 직원들이 현장에 가서야 상황을 파악할 수 있었다. 하지만 새로운 시스템에서는 "공원 A구역에서 차량 2대가 밤 11시부터 30분간 정차 중, 인원 4명 확인됨"과 같은 구체적인 정보와 함께 실시간 영상이 전달되어 대응팀이 미리 상황을 파악하고 적절한 조치를 준비할 수 있게 되었다.

프로젝트 성과와 시사점

그 결과, 시스템 도입 이전과 이후를 비교하기 어려울 정도로 전체적인 '위험 상황 인지 → 관련 기관 대응'의 과정이 개선되는 성과를 거두었다. 특히 오탐지로 인한 불필요한 출동은 80% 이상 줄어들었고, 실제 위험 상황에 대한 대응 시간은 평균 40% 단축되었다는 점이 주목할 만하다.

이 사례가 보여 주는 가장 중요한 시사점은 AI 기술 자체보다는 '문제를 어떻게 정의하느냐'가 성공의 핵심이라는 점이다. 범용적인 객체 인식이 아니라 해당 지역의 구체적인 위험 상황을 명확히 정의하고, 이를 기술로 구현했기 때문에 실용적인 결과를 얻을 수 있었던 것이다.

또한 기존 시스템을 완전히 버리고 새로 구축하는 것보다는, 점진적으로 개선해 나가면서 운영팀이 새로운 시스템에 적응할 수 있는 시간을 확보하는 것이 현실적으로 더 효과적이라는 점도 확인할 수 있었다.

전략이 완성하는 차세대 보안 관제 AI

보안 관제 AI의 진정한 혁신은 기술의 정밀함보다는 문제 정의, 기술 구현 전략, 통합 운영 등의 전략적 통찰력에서 비롯된다고 볼 수 있다. 현재 많은 시스템이 겪고 있는 불신은 단순한 기술적 한계라기보다는 위험을 어떻게 정의하고 해석할 것인가에 대한 전략적 설계의 공백에서 나온다.

최첨단 비전 AI 기술이 정밀한 객체 추적과 실시간 패턴 인식 능력을 갖추고 있다 하더라도, 전략 없이 적용될 경우 기대한 효과를 내기 어렵다는 것이 현실이다. 이는 마치 뛰어난 성능의 자동차를 가지고 있어도 목적지와 경로를 정하지 않으면 제대로 된 여행을 할 수 없는 것과 비슷한 상황이라고 볼 수 있다.

이는 '무엇이 감지되었는가'보다 '왜 그것이 중요한가'를 묻는 전략적 전환을 의미한다. AI는 이상 징후를 수집할 수 있지만, 그 중요도를 판단하고 대응을 설계하는 일은 전략의 몫이다. 탐지의 양은 기술이 결정하지만, 그 의미의 질은 오직 전략만이 규정할 수 있다는 점이 핵심이다.

결국 보안 관제 AI 전략이란, AI가 수집하는 방대한 데이터를 실질적 인사이트와 조직의 안전 확보로 전환해 주는 '설계된 연결 구조'라고 할 수 있다. 이 통합적 접근만이 과도한 경고 속에서 실제 위협을 식별하고, 기술을 조직 운영의 실효적 자산으로 전환할 수 있다.

미래의 보안 관제는 첨단 기술과 전략적 사고가 유기적으로 결합될 때, 비로소 그 진정한 가치를 발휘하게 될 것이다. 기술은 가능성을 제공하지만, 전략이 그 가능성을 현실의 문제 해결로 바꿔 내는 핵심 역할을 담당한다고 볼 수 있다. 결국 차세대 보안 관제의 성공은 얼마나 정교한 AI를 도입하느냐가 아니라, 그 AI를 어떻게 전략적으로 활용하느냐에 달려 있다는 것이다.

07

유통 마케팅에서의 전략

유통 마케팅은 기술 투자가 가장 활발한 분야임에도 불구하고, 성과와 ROI에서는 가장 큰 간극이 드러나는 산업이다. 변화무쌍한 소비자 행동과 매장 운영의 복잡성이 기술만으로는 해결되지 않기 때문이다. AI를 성과로 연결하는 출발점은 '의미론적 정보 확보' 전략에 있다.

이 장에서는 이러한 '의미론적 정보 확보' 전략을 소개한다. 단순히 데이터를 많이 모으는 것이 아니라, 우리 비즈니스에 진짜 필요한 정보가 무엇인지 정의하고, 이를 단계적으로 확보해 나가는 방법을 다룬다.

AI와 윤동주?

AI 도입의 현실: 기대와 성과 사이의 간극

유통 마케팅 분야는 AI 기술을 가장 적극적으로 도입하는 영역이다. 매장 내 고객 동선을 추적하는 비전 AI, 개인화 광고를 제공하는 디지털 사이니지, 구매 행동을 분석하는 알고리즘까지-다양한 첨단 기술이 매장 곳곳에 적용되고 있다. 특히 90% 이상의 고객 인식 정확도를 자랑하는 AI 설루션들이 등장하면서, 수많은 기업들이 앞다투어 이런 고성능 기술 도입에 뛰어들고 있다.

하지만 현실은 기대와 다르다. 막대한 비용을 투자해 최신 AI를 도입했지만, 정작 매출이나 고객 만족도는 크게 달라지지 않았다는 실망스러운 보고가 이어진다. 기술의 성능은 뛰어나지만, 실제 비즈니스 성과로 이어지지 못하는 것이다. 문제의 핵심은 순서가 뒤바뀐 접근법에 있다. 많은 기업이 "우리가 무엇을 알아야 하는가"를 먼저 묻지 않고, "가장 좋은 AI가 무엇인가"부터 찾기 시작한다. 마치 목적지를 정하지 않고 가장 빠른 자동차부터 구입하는 것과 같다.

그러나 기대와 달리 실질적인 ROI(투자대비수익)를 달성한 사례는 많지 않다. 기술적 완성도는 높지만 매출 증대나 고객 만족도 향상으로 이어지지 않는 경우가 대부분이다. 근본적인 문제는 '무엇을 위해 AI를 도입할 것인가'에 대한 명확한 목적 설정 없이, 고성능 기술부터 찾는 역순 사고에 있다.

사실 현장에는 이미 충분한 답이 있다. 베테랑 직원들이 수년간 쌓아 온 경험, 매일 고객을 대하며 발견한 패턴들, 시간대별로 달라지는 매장 운영 노하우. 이런 정보들은 어떤 AI보다도 정확하고 실용적이지만, 체계적으로 정리되지 않은 채 개인의 머릿속에만 머물러 있다.

성공적인 AI 도입은 이런 현장의 지혜에서 출발해야 한다. 먼저 고객에 대한 근본적인 질문을 던지고, 그 답을 찾기 위한 가설을 세운 뒤, 이를 검증하는 과정을 거쳐야 한다. AI는 이렇게 검증된 패턴을 자동화하고 확대하는 마지막 단계의 도구일 뿐이다.

가설 없는 AI 도입의 함정: 고성능부터 찾는 역순 사고의 문제점

"고객 인식 정확도 98%, 실시간 분석 처리, 개인화 추천 엔진."

대부분의 유통업체가 AI 도입을 검토할 때 가장 먼저 찾는 스펙이다. 하지만 정작 이 기술로 어떤 문제를 해결하려는지, 무엇을 달성하려는지 명확한 답은 없다. 결과는 예상 가능하다. 6개월 후 "기술은 완벽한데 매출은 그대로"라는 실망스러운 보고서가 나온다.

근본 문제는 의미론적 정보 확보 전략이 없다는 점이다. 데이터를 많이 모으거나 정확도를 높이는 것이 목적이 아니다. 우리 비즈니스에 실제로 필요한 정보가 무엇인지 먼저 정의해야 한다.

예를 들어 "30대 여성 고객을 98% 정확도로 인식한다"는 것이 중요한 게 아니다. 정말 알아야 할 것은 "30대 여성이 우리 매장에서 왜 구매를 포기하는가"다. 기술적 성능이 아닌 비즈니스 인사이트가 필요한 것이다.

더 심각한 문제는 이런 역순 접근이 조직 전체에 잘못된 기대를 심는다는 점이다. 고가의 AI 도입과 함께 비현실적인 목표가 설정된다. 당연히 결과는 기대에 못 미친다. 이후 "AI는 별로다"라는 회의론이 확산되고, 기술 자체에 대한 불신이 쌓인다. 문제는 AI가 아니라 접근 방법이었는데도 말이다.

성공적인 AI 마케팅은 순서를 바로잡는 것에서 시작한다. 먼저 비즈니스 목적을 명확히 한다. 그 목적 달성에 필요한 정보를 정의한다. 마지막에 그 정보를 효율적으로 수집할 기술을 선택한다. 이 순서가 AI 도입의 성패를 가른다.

디지털화되지 않은 정보의 보물 창고: 현장에 숨겨진 비즈니스 인사이트 발굴

유통 매장에는 어떤 AI도 찾아내기 힘든 귀중한 정보들이 숨어 있다.

20년 경력 점장은 '비 오는 날엔 우산과 따뜻한 음료가 함께 팔린다'는 패턴을 알고 있다. 계산대 직원은 '30대 여성이 아이와 함께 올 때와 혼자 올 때 구매 패턴이 완전히 다르다'는 사실을 매일 목격한다. 매장 관리자는 '오후 6시엔 즉석식품을 입구 쪽에 진열해야 한다'는 운영 노하우를 체득했다. 이런 정보들은 고성능 AI가 수개월간 데이터를 분석해야 겨우 찾아낼 패턴들이다. 문제는 이 모든 지식이 개인의 머릿속에만 존재한다는 점이다. 직원이 퇴사하면 함께 사라진다. 다른 매장과 공유되지 않는다. 신입 직원은 똑같은 시행착오를 반복한다. 경영진은 이를 단순한 '감'으로 치부해 의사 결정에 반영하지 않는다.

실제로 한 편의점 체인이 흥미로운 실험을 했다. 각 매장의 비공식 운영 노하우를 체계적으로 수집하고 디지털화했다. 시간대별 고객 패턴, 날씨별 상품 진열법, 지역 특성을 반영한 상품 구성 등을 문서화한 것이다. 결과는 놀라웠다. 평균 매출이 8% 증가했다. 수억 원짜리

AI 시스템보다 즉각적이고 실질적인 성과였다.

핵심은 현장 지식을 체계적으로 수집하고 구조화하는 것이다. 복잡할 것 없다. 간단한 일지 작성부터 시작한다. 정기적으로 직원들과 대화한다. 성공 사례를 문서로 남긴다. 이렇게 암묵적 지식이 명시적 정보로 전환되면, AI 도입을 위한 탄탄한 토대가 만들어진다. 결국 가장 정교한 AI보다 현장에서 검증된 인사이트가 먼저다. AI는 이런 검증된 패턴을 자동화하는 도구일 뿐이다.

의미론적 정보 확보를 위한 가설 설정: 비즈니스 목적에서 출발하는 역방향 설계

성공적인 AI 마케팅의 출발점은 질문을 바꾸는 것이다. "이 기술로 뭘 할 수 있을까?"가 아니다. "우리가 정말 알아야 할 것은 무엇이고, 그것을 알면 어떤 행동을 할 것인가?"를 먼저 묻는다. 이것이 의미론적 정보 확보의 핵심이다. 데이터를 많이 모으는 게 아니라, 비즈니스에 실제 가치를 만들 정보를 전략적으로 정의하는 것이다.

매출 증대라는 목적을 예로 들어 보자. 우리가 알아야 할 것은 "언제 누가 와서 무엇을 찾는가"다. 하지만 이것만으론 부족하다. 더 구체적인 질문이 필요하다. "평일 오후 2시에 혼자 오는 30대 여성은 왜 5분 만에 나가는가?" "주말 저녁 가족 단위 고객은 왜 특정 코너에서 오래 머무는가?" 이런 구체적 질문이 진짜 인사이트로 이어진다.

다음은 이 질문들을 검증 가능한 가설로 바꾸는 단계다.

● "평일 오후 개인 고객은 빠른 해결책을 원한다." → "그렇다면 입구 근처에 간편식을 배치하면 구매가 늘어날 것이다."

● "주말 가족 고객이 특정 코너에 머무는 이유는 아이 때문이다." → "아이용 상품과 부모용 상품을 인접 배치하면 동반 구매가 증가할 것이다."

중요한 건 각 가설이 즉시 행동으로 연결될 수 있어야 한다는 점이다. 가설이 맞다면 우리는 무엇을 할 것인가? 진열을 바꿀 것인가? 상품 구성을 조정할 것인가? 직원 배치를 변경할 것인가? 구체적인 행동 계획이 없는 가설은 의미가 없다.

또한 이 가설들은 작은 실험으로 검증 가능해야 한다. 한 매장에서 2주간 테스트할 수 있는 수준이어야 한다. 측정 가능하고, 비교 가능하며, 재현 가능한 가설만이 진짜 가설이다.

고성능 AI는 이런 가설들이 여러 매장에서 반복 검증

되고, 패턴의 일관성이 입증된 후에 도입한다. AI는 검증된 패턴을 자동화하는 마지막 도구일 뿐이다.

결국 의미론적 정보 확보란 간단하다. 우리가 알고 싶은 것을 명확히 정의하고, 가설을 세우며, 실험으로 검증하는 과정이다. AI는 그다음이다.

AI 기반 유통 마케팅 전략 프레임워크: 단계적 검증을 통한 신뢰성 확보 체계

AI 마케팅의 성패는 기술의 정교함이 아니라 고객의 구매 여정과 기술을 어떻게 연결하느냐에 달려 있다. 이를 위해 제안하는 유통 마케팅 AI 전략 프레임워크는 다음의 4단계로 구성된다.

1. 비즈니스 문제 정의: '무엇을 알아야 하는가'의 명확화

■ Task 정의: AI를 도입하기 전에 먼저 우리가 해결해야 할 비즈니스 문제와 그 해결을 위해 필요한 정보를 명확히 정의해야 한다.

■ 주요 활동:

● 비즈니스 목적 설정: 매출 증대, 고객 경험 향상, 운영 효율화 중 핵심 목표를 명확히 하는 것이 첫 단계다.

● 현장 지식 발굴: 직원들의 경험적 노하우와 고객 관찰

결과를 체계적으로 수집한다.

● 검증 가능한 가설 수립: "이 정보를 알면 우리가 취할 수 있는 구체적 행동"을 정의해야 한다.

● 실험 가능성 평가: 소규모 매장에서 2주간 테스트 가능한 수준의 가설인지 검토한다.

● 법적 제약 사항 검토: 개인정보보호법과 영상 정보 수집 관련 규정을 사전에 확인해야 한다.

■ 핵심 산출물: 비즈니스 목표 정의서, 가설-행동 연결 맵, 실험 설계 계획서, 법적 준수 체크리스트

2. 기초 데이터 확보: AI 이전의 스마트한 관찰

■ Task 정의: 고가의 AI 시스템 대신 기본적인 도구와 방법으로 가설 검증에 필요한 데이터를 먼저 수집한다.

■ 주요 활동:

● 기본 센싱 구축: 방문자 카운터, 간단한 센서 등으로 기초 데이터를 수집하는 것부터 시작한다.

● 기존 데이터 재해석: POS 데이터, 재고 정보를 새로운 관점에서 분석해 숨은 패턴을 찾는다.

● 현장 관찰 디지털화: 직원의 관찰 일지와 고객 피드백을 체계적으로 기록하고 구조화한다.

● 외부 데이터 활용: 날씨, 지역 이벤트, 유동 인구 등 공

개된 외부 데이터를 연계해 맥락을 파악한다.

■ 핵심 산출물: 데이터 수집 체계, 통합 대시보드, 초기 패턴 분석 보고서

3. 가설 검증과 패턴 확인: 실험을 통한 신뢰성 확보

■ Task 정의: 수집된 데이터로 가설을 검증하고, 발견된 패턴이 실제 비즈니스 성과로 이어지는지 확인한다.

■ 주요 활동:

● A/B 테스트 실행: 실험군과 대조군을 설정해 가설의 유효성을 검증하는 것이 핵심이다.

● 성과 측정: 매출, 체류 시간, 재방문율 등 구체적인 비즈니스 지표로 효과를 측정한다.

● 재현성 검증: 다른 매장, 다른 시기에도 동일한 패턴이 나타나는지 확인해야 한다.

● 예외 상황 파악: 패턴이 작동하지 않는 조건과 한계를 명확히 식별한다.

● ROI 분석: AI 도입 시 예상되는 투자 대비 수익을 계산해 타당성을 평가한다.

■ 핵심 산출물: 가설 검증 결과, 비즈니스 임팩트 보고서, 패턴 적용 가이드라인, AI 도입 타당성 분석

4. AI 자동화와 확장: 검증된 패턴의 지능화

■ Task 정의: 충분히 검증된 패턴에 한해 AI를 도입해 자동화하고, 지속적으로 개선하는 체계를 구축한다.

■ 주요 활동:

● 선택적 AI 도입: 검증된 패턴만을 대상으로 AI 자동화를 적용하는 것이 중요하다.

● 실시간 대응 구현: 즉각적인 의사 결정이 필요한 영역에 AI를 우선 적용한다.

● 지속적 학습 체계: 새로운 패턴을 발견하고 기존 모델을 개선하는 순환 구조를 만든다.

● 성과 모니터링: AI 도입 전후를 지속적으로 비교하며 최적화 포인트를 찾는다.

● 조직 역량 강화: 직원들이 AI를 효과적으로 활용할 수 있도록 교육과 프로세스를 개선한다.

■ 핵심 산출물: AI 자동화 시스템, 실시간 대응 체계, 지속적 개선 프로세스, 성과 모니터링 대시보드

프레임워크의 핵심 관점

이 프레임워크의 핵심은 '어떻게'가 아닌 '왜'에 있다. 기술 도입 자체가 목적이 아니라, 비즈니스 문제 해결이 먼저다. AI는 그 문제를 효율적으로 해결하는 도구일 뿐이

다. 이런 관점의 전환이 막연한 기술 투자를 실질적 성과로 바꾸는 출발점이 된다.

또 하나의 특징은 순환적 구조다. 네 단계가 일직선으로 진행되는 것이 아니라 서로 영향을 주고받으며 발전한다. AI 운영 중 발견된 새로운 패턴이 다시 가설 검증 단계로 돌아가고, 이것이 새로운 비즈니스 문제 정의로 이어진다. 마치 나선형 계단을 오르듯, 같은 과정을 반복하면서도 점점 더 높은 수준으로 올라간다. 이런 반복적 개선은 단발성 프로젝트를 지속 가능한 시스템으로 전환한다. 한번 만들고 끝나는 것이 아니라, 계속 학습하고 적응하는 살아 있는 체계가 되는 것이다. 고객의 행동이 바뀌면 시스템도 함께 진화한다. 시장이 변하면 전략도 유연하게 대응한다.

결국 이 프레임워크는 기술과 비즈니스 사이의 다리 역할을 한다. AI라는 복잡한 기술을 현장에서 바로 쓸 수 있는 실용적 도구로 만드는 번역기인 셈이다.

B 편의점 체인 단계적 AI 도입: 작은 실험에서 시작한 큰 성공

B 편의점 체인은 딜레마에 빠져 있었다. 전국 매장의 고객 수는 그대로인데 객단가는 계속 떨어졌다. 특히 오후

시간대 매출이 눈에 띄게 감소했다. 고성능 AI 도입을 검토했지만, 수억 원의 투자 대비 확실한 성과를 장담할 수 없었다. 이들이 선택한 해법은 '작게 시작해서 크게 키우기'였다.

1단계: 문제를 가설로 전환

B 편의점은 단순한 질문에서 시작했다. "시간대마다 다른 고객이 오는 것 아닐까?" 직원들의 관찰이 힌트가 됐다. "오후 2~3시엔 직장인들이 간편식만 사고 빠르게 나간다", "저녁 7시엔 가족 단위 고객이 와서 이것저것 둘러본다" 같은 현장의 목소리를 모았다. 이를 바탕으로 명확한 가설을 세웠다. "시간대별로 상품 진열을 다르게 하면 매출이 오를 것이다."

개인정보보호법 검토 결과, 얼굴 인식은 리스크가 컸다. 대신 시간대별 행동 패턴 분석에 집중하기로 했다.

2단계: 있는 것부터 활용

비싼 AI 시스템 대신 이미 가진 것들을 활용했다. POS 데이터를 새롭게 분석했다. 단돈 몇만 원짜리 방문자 카운터를 설치했다. 직원들이 스마트폰 앱에 관찰 내용을 기록하게 했다. 날씨 정보와 지역 이벤트 데이터를 무료로 받아 연결했다.

결과는 놀라웠다. 오후 2~4시 사이 즉석식품 구매 비중이 65%를 넘었다. 직원들의 '감'이 데이터로 증명된 순간이었다.

3단계: 작은 실험, 확실한 검증

3개 매장에서 2주간 실험을 시작했다. 오후 시간대에 즉석식품을 입구 가까이 옮겼다. 단지 진열 위치만 바꿨을 뿐인데, 해당 시간대 매출이 12% 증가했다. 대조군 매장은 변화가 없었다. 과거 같은 기간과 비교해도 명확한 차이가 있었다.

다른 지역, 다른 규모의 매장에서도 실험을 반복했다. 결과는 일관됐다. 패턴이 진짜였다.

4단계: 이제 AI의 차례

검증된 패턴을 바탕으로 AI를 도입했다. 비전 AI가 실시간으로 고객 유형을 파악하고, 시간대별로 디지털 사이니지의 추천 상품을 자동으로 바꿨다. 직원들에게 진열 변경 알림이 갔다. 전국 매장으로 확대한 결과, 객단가 8% 상승, 재방문율 15% 증가라는 성과를 거뒀다.

더 중요한 건 지속적인 학습 체계를 만든 것이다. 매

달 새로운 패턴을 찾고, 작은 실험으로 검증하며, 성공한 것만 확대한다. AI는 이 과정을 자동화하는 도구가 됐다.

시사점

B 편의점의 성공 비결은 간단하다. AI부터 도입하지 않았다. 문제를 정확히 정의하고, 가설을 세우고, 작게 실험하고, 검증된 것만 확대했다. AI는 마지막에 등장했다. 이것이 진짜 스마트한 AI 도입이다.

전략이 완성하는 지속 가능한 AI 마케팅: 기술과 비즈니스 목적의 유기적 결합

AI의 진정한 가치는 고객 인식 정확도 98%에 있지 않다. 정말 중요한 건 그 98%가 우리 비즈니스에 무엇을 의미하는지 아는 것이다. 30대 여성을 정확히 인식하는 기술보다, 그녀가 왜 아무것도 사지 않고 나가는지 이해하는 전략이 더 가치 있다.

B 편의점의 성공은 이 차이를 명확히 보여 준다. 그들은 최신 AI부터 찾지 않았다. 먼저 "우리가 정말 알아야 할 것은 무엇인가"를 물었다. 현장의 지혜를 디지털화했다. 작은 실험으로 가설을 검증했다. 그리고 마지막에,

검증된 패턴을 자동화하기 위해 AI를 도입했다.

이는 근본적인 관점의 전환이다. "AI가 무엇을 감지했는가"가 아니라 "왜 그것이 우리에게 중요한가"를 묻는 것이다.

두 가지 길 : 선택이 만드는 극명한 차이

어떤 길을 선택하느냐에 따라 프로젝트의 운명이 결정된다. 기술 우선 접근은 구축에만 6개월이 걸리지만, 전략 우선 접근은 3개월 안에 첫 성과를 만든다. 리스크 관리 측면에서도 차이가 크다. 처음부터 전액을 투자하면 실패 시 모든 것을 잃지만, 단계별 투자는 언제든 방향을 수정할 수 있다.

현장 수용성도 완전히 다르다. 위에서 내려온 낯선 시스템은 저항을 만나지만, 직원들의 아이디어에서 출발한 변화는 자연스럽게 받아들여진다. 무엇보다 중요한 것은 지속 가능성이다. 일회성 프로젝트로 끝나는 것과 계속 진화하는 시스템을 구축하는 것의 차이는 시간이 갈수록 벌어진다.

당신은 어떤 길을 선택할 것인가?

첫 번째 길: 고성능 AI를 먼저 도입한다. 수억 원을 투자한다. 6개월 후 "기술은 완벽한데 성과가 없다"는 보고

서를 받는다.

두 번째 길: 비즈니스 문제를 정의한다. 가설을 세운다. 작게 실험한다. 검증된 것만 확대한다. AI는 마지막에 도입한다. 투자는 단계적으로, 성과는 지속적으로 나타난다.

AI는 도구다

AI는 데이터를 수집하고 패턴을 찾을 수 있다. 하지만 그 패턴이 어떤 비즈니스 기회인지, 어떻게 활용할지는 인간만이 결정할 수 있다. 기술이 아무리 발전해도 이 역할은 변하지 않는다. 성공적인 AI 마케팅은 기술 스펙이 아니라 전략적 사고에서 나온다. 목적이 명확하고, 가설이 검증되고, 실행이 단계적일 때 AI는 강력한 도구가 된다.

미래는 이미 여기에

앞으로의 유통 마케팅은 두 가지가 완벽하게 맞물릴 때 성공한다. 인간의 전략적 사고와 AI의 실행 능력. 목적 중심의 접근과 기술의 효율성. 이것은 먼 미래의 이야기가 아니다. B 편의점처럼, 이미 시작한 기업들이 증명하고 있다.

핵심은 간단하다. 전략이 먼저, 기술은 나중에.

08
교육에서의 전략

2025년 3월, 전국의 교실에서 역사적인 변화가 시작되었다. 인공지능 디지털 교과서(AIDT)가 각종 교과에 본격 도입되면서 총 76종의 교과서가 교실 현장에 투입된 것이다. 하지만 이 변화는 당초 계획보다 훨씬 축소된 채로 시작되었다. 특히 단순한 일정 조정이 아니라 기술 중심의 접근법이 현실의 벽에 부딪혔다. 교육 분야도 급격한 변화의 물결에 직면해 있지만, 동시에 그 변화의 성패가 기술 자체가 아니라 전략적 접근에 달려 있음을 여실히 보여 준다.

AI와 한의학?

국가 주도의 AI 교육 혁명: 게임 체인저

'AI 디지털 교과서'는 2025학년도부터 전국 초·중·고등학교에 도입되기 시작하며 교육 정책의 중심 현안으로 떠올랐다. 기존 디지털 교과서가 서책 교과서의 디지털화였다면, AI를 기반으로 한 학생 개별 맞춤형 학습이 등장한 것이다. 이는 단순한 기술 도입을 넘어선 교육 패러다임의 근본적 전환을 의미한다.

AI 디지털 교과서의 혁신성은 개별 맞춤형 학습에 있다. 학생의 강점과 약점, 학습 태도, 이해도를 측정하고 알맞은 학습 자료를 제공하는 시스템으로서, 기존 일률적 교육의 한계를 극복하려는 시도다. 교육부가 내놓은 《AI 디지털 교과서 개발 가이드라인》의 부제는 '500만 학생을 위한 500만 개의 교과서'로, 이는 완전 개별화 교육이라는 야심 찬 목표를 담고 있다.

이러한 접근법은 교사 한 명이 수십 명의 학생을 동일한 방식으로 가르치는 전통적 교실에서 벗어나, 각 학생의 학습 속도와 이해 수준에 맞춘 차별화된 교육을 가능하게 한다는 것이 정부의 설명이다.

싸늘한 교육계 목소리에 당황한 정부

하지만 화려한 비전과 달리 교육 현장의 반응은 차갑다.

지난 2024년 더불어민주당 고민정 의원실과 전국 시도 교육청에서 전국 초·중·고교 교원 1만9667명을 대상으로 한 설문 조사에서 73.6%가 AI 디지털 교과서 도입 정책에 '동의하지 않는다'고 응답할 정도였는데, 이는 단순한 반대를 넘어선 강한 거부감을 나타낸다.

교사들의 우려는 구체적이다. 도입에 반대하는 이유로 '학습 효과성 의문'(35.5%), '교사·학생·학부모 의견 수렴 부족'(22.67%) 등을 꼽았다. 특히 교육 효과에 대한 의문이 가장 큰 비중을 차지한다는 점은 기술의 화려함은 있지만 실제 교육 개선 효과에 대한 확신이 부족하다는 것이다. 게다가 의견 수렴 자체를 문제 삼은 비율도 적지 않다는 사실은 '기술 그 자체가 목적이 된' 주객전도 현상을 뚜렷하게 보여 준다.

학부모들의 반응도 우려가 앞선다. 교육부가 2025년 1월 학부모 정책 모니터단 1,180명을 대상으로 실시한 조사에서 AI 디지털 교과서 도입 효과와 관련된 9개 질문 중 8개에서 부정적 응답이 우세하기도 했다.

이러한 현장의 저항은 기술 도입의 속도와 현장 수용성 사이의 괴리를 보여 준다. 아무리 뛰어난 기술이라도 그것을 사용할 교사와 학생, 학부모가 받아들이지 않으면 성공할 수 없다는 점에서 '선행 전략'의 중요성을 보여 준다.

오락가락 정책에 수천억대 소송까지

무엇보다 국가 차원의 대규모 투자를 기대하며 '성장 모멘텀'으로 점찍고 발 빠르게 움직였던 '교육 공룡'들과 에듀테크 기업들에도 큰 시련이 닥쳤다.

에듀테크 업체들은 2025년 3월 AI 디지털 교과서의 전면 도입을 전제로 최근 2년여간 관련 기술 및 서비스를 개발해 왔다.

현재 종이 교과서의 권당 가격은 6000~9000원 수준. 연간 시장 규모는 5000억 원이다. AI 교과서는 연 구독료가 4만(정부)~10만 원(업계) 선으로 예상된다. 국회입법조사처에 따르면 평균 월 구독료를 5000원으로만 잡아도 AI 교과서 도입 시 총 구독료는 2028년 기준 1조 7343억 원에 달한다.

코로나 팬데믹으로 쩔쩔매던 에듀테크업계에 조 단위 교과서 시장이 새롭게 '생겨날 뻔'했던 셈인데, 물 건너가게 생겼으니 당연히 반발이 없는 것이 이상하다.

국내 에듀테크 스타트업 중 아이헤이트플라잉버그스, 구름, 블루가, 팀모노리스, 엘리스, 콴다, 에누마 등 주요 에듀테크 스타트업이 앞다퉈 이 시장에 뛰어들었다. 주요 출판사와 손잡고 AI 교과서를 개발했다. 이들 업체가 개발한 일부 과목의 AI 교과서는 2024년 11월 검정에 통과했다.

교과서 업체들은 "교육부가 전면 도입을 약속했다"며 교육 자료로 지위가 바뀌면 소송에 나설 채비 중이다. 교육부가 국회 교육위원회 전체 회의에 보고한 소송액 최대치만 3100억 원에 달한다. 이미 들어간 예산도 1조 2000억 원이 넘는다는 것이 교육부 추산이다.

에듀테크 시장에 닥친 더 큰 위기

이를 위해 수년간 관련 기술 및 서비스 개발에 나섰던 기업들은 도입 계획이 불투명해지면서 바로 '비상 경영 선포'라는 대응책을 선보였다.

'교과서 시장 점유율 1위'인 천재교과서에서는 이를 전후해 대규모 구조 조정이 실시되면서 어려움을 상징적으로 보여 주기도 했다. 직원 1400여 명이 근무했던 천재교과서에서 한 달 사이에만 250여 명이 정든 회사를 나와야만 했다.

천재교과서뿐만 아니라 주요 에듀테크 기업들이 2025년 5월을 기점으로 잇따라 대대적인 구조 조정을 단행했다. 특히 비상교육, 아이스크림에듀, 웅진씽크빅 등 과

감한 투자를 했던 회사들이라는 공통점이 있다. 정부의 인공지능 디지털 교과서(AIDT) 정책 변화로 손실이 늘어 인력 효율화가 불가피하다는 게 이들의 입장이다.

더욱 아쉬운 점은 국내 교육 기업들이 최근 2년 사이 글로벌 빅테크들이 구성하는 거버넌스에 잇따라 참여하며 주요 플레이어로 부상하고 있던 시점이라는 사실이다.

글로벌 확장 기회 발목 잡은 '전략 부재'

실제로 구글, 마이크로소프트와 메타, 오픈AI를 비롯한 글로벌 빅테크가 한국 에듀테크 스타트업과 연달아 파트너십을 맺었고, 한국에서 출발한 세계적인 디지털 필기 앱이 세계에서 주목받으며 디지털 교육 시장의 본격 확대를 점쳐 왔기 때문이다.

챗GPT 개발사인 오픈AI는 2023년 12월 한국의 수학 전문 AI 스타트업 '튜링'을 API 활용 분야 기업에 선정하고 실리콘 밸리에 초청했다. 특히 튜링의 자체 제작 AI 진단 기술 'DKT(Deep Knowledge Tracing)'를 비롯해 개념 학습부터 문제 풀이, 강의, 해설, 유사 문제 풀이 등 분석과 추천 등의 생성형 AI 기술을 앱 하나에 담아낸 것이 높은 평가를 받았다.

1000만 명 이상의 이용자를 확보한 수학 문제 풀이 서비스 '콴다' 운영사 매스프레소 · 업스테이지가 공동 개발한 '매스GPT(MathGPT)' 역시 수학 도메인 특화 프라이빗 대규모 언어 모델(LLM, Large Language Model)이다. 구글이 매스프레소에 직접 투자한 것에 이어 페이스북/인스타그램 운영사인 메타가 직접 강력하고 정확한 수학 능력을 가졌다고 공개적으로 극찬하고, 마이크로소프트의 나델라 최고경영자(CEO)와는 2025년 3월 방한에서 직접 회동하기도 했다.

또한 글로벌 필기 앱 매출 1위에 빛나는 '플렉슬(Flexcil)'과 디지털 학습 플랫폼 '스콘'을 서비스하는 플렉슬 역시 페이팔 창업자인 피터 틸이 후원하는 크레센도에쿼티파트너스(Crescendo Equity Partners)로부터 500억 원 이상의 투자를 유치하기도 했다.

특히 AI 디지털 교과서가 지향하는 '개별 맞춤형 학습' 방향을 고려하면 더욱 아쉽다. 국내 에듀테크 기업들이 글로벌 빅테크와 단순 교류를 넘어 기술 파트너십과 전략적 협업을 통해 세계적으로도 영향력을 끼치는 태동기에 교육 정책의 혼란으로 찬물을 끼얹었다는 뼈아픈 지적이 나오는 이유다.

성공한 싱가포르의 '마스터플랜 2030'

반면, 싱가포르는 AI를 활용한 교육을 국가가 주도했음에도 세계적인 모범 사례로 자리 잡고 있다. 단순히 기술이 좋아서가 아니라 장기 로드맵을 통해 일관된 방향성을 유지하고, 교사 역량 선행과 단계별 확산 등 체계적인 구축을 진행했기 때문이다.

싱가포르는 정보 통신 기술을 활용한 'ICT 교육 사업 마스터플랜 1기'를 무려 27년 전인 1997년부터 시작했다. 이를 통해 이미 2018년부터 AI가 적용된 국가적 온라인 학습 공간 SLS(Student Learning Space)를 초·중·고 모든 학생이 평등하게 이용 가능하도록 무상으로 지원하고, 2020년에 모든 초·중등 학생에게 태블릿 등 디지털 기기를 지급하기 시작했다.

학생들은 SLS를 통해 자신에게 맞는 속도로 유연하게 학습할 수 있도록 교과서를 포함한 디지털 교육 자원을 제공받는다. 교사는 AI 학습 분석 기능을 통해 학생의 학습을 추적하고, 학생의 진행 상황과 성과를 확인할 수 있다. 또 다른 교사들과 서로 모범 수업 사례 및 수업 방법에 대한 팁을 공유할 수도 있다.

이렇듯 정부가 주도한 'AI 교육 혁명'임에도 상대적으로 성공적이라는 평가를 받으며 안정적으로 자리 잡게

된 비결은 명확한 문제 정의에 있다. 무엇을 해결하기 위해 어떠한 전략적 접근을 취한다는 관점에서 졸속 도입이 아닌 조화를 추구했다는 사실이 큰 차이다.

기술 자체가 아닌 전략적 효용부터

한국은 AI 디지털 교과서의 전면 도입을 결정하면서 교육부 장관이 교육부 장관은 "처음 도입되어 선생님들께 여러 어려움이 있겠지만 교실과 학교를 변화시킬 수 있는 골든 타임에 힘을 모아주시길 바라며, 교육부도 지원을 아끼지 않겠다"라고 말했다.

그러나 그것만으로는 부족하다. 단순히 '잘 도와 달라'는 감정적 호소에 기대어 설득할 것이 아니라 합리적인 근거를 제시하고, 앞선 우려에 대한 해결 방안을 통해 비전을 보여 줘어야 한다. 설령 교사나 학부모, 학생들의 우려가 무지에서 나오는 기우라고 할지라도 그렇다.

특히나 교육은 백년지대계라는 말이 있다. 급변하는 기술 시대에도 교육의 본질과 가치는 변하지 않는다. AI와 디지털 기술이 교육을 혁신할 수 있는 강력한 도구임은 분명하지만, 그 도구를 어떻게 사용할 것인가는 여전히 사람의 몫이다.

물론 정부가 AI를 활용한 교실 환경을 조성해 학생 개별 맞춤형 교육을 실현한다는 목표 자체는 의미가 있다. 하지만 그 실현 이전에 기술 그 자체가 목적이 되어서는 곤란하고, 더 나은 교육이라는 목적을 위한 수단이 되어야 한다는 점을 잊지 말아야 할 것이다.

결국 AI 디지털 교과서라는 디지털 전환 프로젝트의 성공은 기술적 완성도가 아니라 교육 현장의 필요와 학습자의 성장을 중심에 둔 전략적 사고와 실행에 달려 있다는 뜻이다. 이는 교육뿐만 아니라 모든 산업에서 AI를 비롯한 새로운 기술을 도입할 때 반드시 고려해야 할 교훈이기도 하다.

참고문헌

정을호 의원실 발표 자료(2025.02.20-21), 교육부 제출 'AIDT에 관한 1,180명의 학부모 정책 모니터단 인식조사' 분석 결과, https://www.newsis.com/view/NISX20250220_0003073383

한국교육학술정보원(2023). AI 디지털 교과서 개발 가이드라인, https://www.keris.or.kr/main/ad/pblcte/selectPblcteETCInfo.do?mi=1142&pblcteSeq=13722

한국교육학술정보원(2024). AI 디지털 교과서 도입을 위한 쟁점 분석 및 개발 전략", https://www.keris.or.kr/main/ad/pblcte/selectPblcteRMInfo.do?mi=1139&pblcteSeq=13705

09
투자에서의 전략

AI 시대, 투자의 나침반이 바뀌고 있다.
과거에는 얼마나 많은 박사급 인력이 있는지, 몇 편의 논문을 발표했는지가 중요했다. 하지만 챗GPT 이후 모든 것이 달라졌다. 10년간 쌓은 기술력이 3개월 만에 무너지는 시대, 원천 기술 없이도 혁신적 서비스가 탄생하는 시대가 왔다.
이제 투자자들은 묻는다. "당신의 기술이 얼마나 대단한가?"가 아니라 "그 기술로 어떤 가치를 만들 것인가?"를. AI 투자의 새로운 패러다임을 이해하지 못한다면, 다음 챗GPT 쇼크에 휩쓸려 갈 수밖에 없다.

AI와 화장품?

챗GPT 쇼크, 투자 판도를 뒤바꾸다

"57일 만에 1억 사용자." 2022년 11월 30일, 오픈AI가 공개한 챗GPT가 세운 기록이다. 넷플릭스가 3년 반, 인스타그램이 2년 반 걸린 일을 채 두 달 만에 해낸 것이다. 이 충격적인 성장 속도는 단순히 새로운 서비스의 등장을 의미하지 않았다. 전 세계 투자 생태계에 거대한 지각 변동을 일으켰다.

챗GPT의 충격적인 등장은 수많은 기술 기반 스타트업들을 하루아침에 '구식'으로 만들어 버렸다. 챗봇 개발사 몇 곳은 투자금 유치에 실패해 문을 닫았고, 번역 서비스들은 사용자가 급감했다. 한국의 어느 AI 번역 스타트업 대표는 '10년 쌓아 온 기술이 3개월 만에 무용지물이 됐다'고 토로했다.

하지만 위기는 곧 기회가 되었다. 눈치 빠른 창업가들이 재빨리 방향을 전환했다. 챗GPT API를 활용한 새로운 서비스들이 봇물 터지듯 쏟아져 나왔고, 이른바 '래퍼(Wrapper) 비즈니스'-오픈AI의 GPT나 구글의 제미나이 같은 기존 AI 모델을 기반으로 특정 분야에 특화된 인터페이스와 기능을 추가한 서비스-라는 용어까지 생겨났다. 마치 같은 선물도 포장에 따라 다르게 보이듯, '원천 기술' 없이도 새로운 서비스를 출시할 수 있었고, 동일한 AI 기술도 어떻게 '포장'하느냐에 따라 완전히 다른 가치를 만들어 낼 수 있었다.

문제는 투자자들이 혼란에 빠졌다는 점이다. 필자 역시 벤처 캐피탈리스트로서 이런 급격한 변화를 실감하고 있다. 하루가 다르게 쏟아지는 AI 서비스들을 보며 고민이 깊어졌다. "기술이 뛰어나면 성공이 보장되는가, 아니면 시장이 원하는 게 더 중요한가?" 새로운 판단 기준이 절실한 시점이다.

변화하는 원천 기술의 의미

전통적으로 원천 기술이란 기업이 독자적으로 개발하고 보유한 핵심 기술 자산을 의미한다. 이에 많은 AI 스타트업에서는 석박사급 인력이 몇 명인지, 발표한 SCI급 논문이 몇 편인지 제시하는 것이 기술력을 입증하는 지표처럼 사용되고는 했다. 투자자들도 각 기업이 오픈 소스 모델을 얼마나 사용했는지 확인하며, '자체적'으로 개발한 기술의 정도로 내부 인력의 기술력을 검증하고, 해당 기술의 경쟁 우위와 진입장벽 요소들을 확인했다.

하지만 챗GPT와 각종 AI API를 활용한 서비스의 등장으로 '원천 기술'의 개념이 근본적으로 재정의되고 있다. 과거의 원천 기술은 '독점적 소유' 여부에 초점을 맞췄다면, 현재 원천 기술은 '무엇을 얼마나 효과적으로 통합하고 독창적으로 활용할 수 있는가'에 방점을 찍는다.

이러한 변화에는 깃허브(GitHub) 등의 플랫폼을 통해 개발자들이 자신의 코드를 공유하고 협업하는 오픈 소스 문화와 AI 기술 자체의 고도화에 원인이 있다. GPT-4나 클로드(Claude) 같은 강력한 AI 모델들이 등장하면서, 모든 코드를 첫 줄부터 직접 작성하는 것은 마치 자동차의 모든 부품을 직접 만들어 조립하는 것처럼 비효율적인 일이 되어 버렸다.

AI 원천 기술 평가 기준의 변화

원천 기술의 정의

과거: 자체 개발한 AI 모델 및 알고리즘 보유.

현재: 자체 개발 및 오픈 소스 기반 파인 튜닝 역량.

이에 따라 선도적인 투자사들을 중심으로 투자 검토의 평가 기준도 바뀌고 있는 추세다. 구체적으로 어떤 변화가 일어났는지 비교하며 살펴보자.

기술 확보 방식

과거: 독자적인 모델 설계 및 학습 데이터 수집.

현재: 오픈 소스 기반 파인 튜닝 및 도메인 특화 응용.

경쟁력의 핵심

과거: 모델의 성능, 정확도, 처리 속도.

현재: 비용 효율성, 데이터 품질/독점 여부.

자체 개발 모델은 서비스 목적에 따라 개선하거나 다양한 도메인으로 확장 용이하기 때문에 원천 기술로서의 가치가 없어졌다고 할 수는 없다. 다만 우수한 오픈 소스 모델이 다수 발표되면서 자체 개발 코드의 비중에 대한 중요도는 점차 희석되고 있다는 것은 명확히 관찰되는 현상이다.

이러한 변화 속에서도 데이터의 품질과 독점성은 지속적으로 중요한 경쟁 요소로 작용할 것이다. 데이터 합성 기술 등으로 데이터 부족 문제를 해결하려는 시도가 늘고 있지만, 합성 데이터의 신뢰성 문제는 지속적으로 제기되고 있고, 결국 모델의 성능은 양질의 데이터를 얼마나 확보했느냐에 달려 있다. 자율주행차의 도로 데이터, 의료 영상 진단 데이터, 제조업의 설비 고장 데이터 같은 실제 환경의 정보 없이는 아무리 뛰어난 모델도 무용지물이기 때문이다.

동시에 주목할 점은 인공지능 모델의 비용 효율성이 새로운 경쟁력으로 부상하고 있다는 것이다. 최고 성능의 모델을 무작정 사용하는 것이 아니라 서비스 요구 사항에 맞는 적정 수준의 성능을 가장 경제적으로 달성하는 것이 핵심이 되었다. GPT-4급 모델의 API 비용은 스타트업에게 감당하기 어려운 수준이며, 특히 B2C 서비스에서는 사용자 증가가 곧 적자 확대로 이어질 수 있어 투자자가 중점적으로 고려하는 요소로 자리 잡았다.

결과적으로 AI 시장은 과거 대규모 자본과 수십 명의 전문 인력이 필요했던 AI 기술 개발이 이제는 오픈 소스 생태계와 클라우드 인프라의 발달로 기술적 진입 장벽이 낮아지면서, 소수의 숙련된 팀으로도 충분히 경쟁력 있는 서비스를 만들 수 있는 시대가 되었다.

하지만 이것이 AI 기술 개발이 더 쉬워졌음을 의미하지는 않는다. 진입 문턱은 낮아졌지만, 오히려 수많은 오픈 소스 모델 중에서 적절한 것을 선별하고, 자신의 도메인에 최적화하는 일 역시 높은 기술력을 요구한다. 마치 훌륭한 요리사가 직접 재료를 기르는 대신 최고의 재료를 감별하고 조합하는 안목을 갖춰야 하는 것과 같다.

그런데 여기서 더 중요한 것은, 아무리 좋은 재료와 기술이 있어도 결국 그 요리(서비스)가 고객에게 어떤 가치를 전달하는지가 핵심이라는 점이다. AI 기업들도 이제는 기술의 정교함보다는 그 기술이 만들어 내는 가치의 명확함을 증명해야 한다.

결국 AI 시대의 투자 패러다임은 "얼마나 대단한 기술을 보유했는가"에서 "그 기술로 누구의 어떤 문제를 얼마나 잘 해결하는가"로 이동하고 있다. 기술은 이제 목적이 아닌 수단이 되었고, 진정한 경쟁력은 그 수단을 통해 창출하는 가치의 크기와 지속 가능성에서 나온다. 투자자들이 이제 "당신의 AI 모델 성능이 얼마나 뛰어난가?"보다 "당신의 서비스가 제공하고자 하는 가치가 무엇인가?"를 먼저 묻는 이유가 바로 여기에 있다.

AI 기업의 세 가지 핵심 질문

그렇다면 AI 기업들이 증명해야 할 핵심 가치는 무엇일까? 모든 기술은 시장과 고객의 페인 포인트를 명확히 짚어 내고 이를 해결하는 가치를 제공하는 것이 기본적인 프레임워크다. 하지만 AI가 해결할 수 있는 영역과 적용 분야는 다른 어떤 기술보다 넓다. AI는 고고학자들이 깨진 토기 조각을 복원하는 일에도, 향수 전문가처럼 수천 가지 향료를 조합해 새로운 향을 만들어 내는 일에도, 심지어 멸종 위기 동물의 울음소리를 분석해 서식지를 추적하는 데도 쓰인다.

이처럼 AI 기술의 적용 범위가 무한대에 가까워지면

서, 투자자들은 더욱 날카로운 평가 기준이 필요하게 되었다. 필자는 AI 기업의 핵심 가치를 평가할 때, 다음 세 가지 질문을 던져야 한다고 생각한다.

첫째, 인간의 능력을 진정으로 확장시키는가?

AI가 해결해야 하는 시장과 고객의 본질적인 페인 포인트는 '인간의 인지적 한계'라고 생각한다. 다소 거창하게 들릴 수 있지만, 인간은 태생적으로 제한된 정보 처리 능력, 편향된 판단, 물리적 시공간의 제약을 가지고 있다. 24시간 일할 수 없고, 동시에 여러 곳에 있을 수 없으며, 방대한 데이터를 한 번에 처리할 수도 없다.

실제로 우리 주변의 성공적인 AI 서비스들을 살펴보면 이와 맥을 같이한다. 머신 비전(Machine Vision)은 초당 수천 개의 반도체 칩에서 나노미터 단위의 결함을 찾아내고, 챗GPT는 인간이 평생 읽을 수 없는 양의 텍스트를 학습해 즉각적인 답변을 제공한다. 의료 AI는 수만 장의 엑스레이 사진을 분석해 인간 의사가 놓칠 수 있는 미세한 병변을 찾아낸다.

중요한 것은 이러한 '능력의 확장'이 곧 고객의 지갑을 여는 열쇠라는 점이다. 반도체 제조사들이 연간 수억 원의 비용을 지불하며 머신 비전을 도입하는 이유는 단순하다. 인간 검수원이 아무리 숙련되어도 하루 8시간 이상 집중력을 유지할 수 없고, 나노미터 단위의 결함을 육안으로 찾는 것은 애초에 불가능하기 때문이다. 불량률 0.1% 감소가 수십억 원의 손실을 막아 준다면, 그 AI 서비스의 가격은 충분히 정당화된다.

챗GPT가 유료 구독자 수백만 명을 확보할 수 있었던 것도 마찬가지다. 변호사가 수천 페이지의 판례를 검토하는 데 일주일이 걸렸다면, 이제는 몇 분 만에 핵심을 파악할 수 있다. 프로그래머가 새로운 언어를 배우는 네 몇 달이 필요했다면, 이제는 실시간으로 코드를 작성하며 학습한다. 시간당 수십만 원의 전문가 인건비를 고려하면, 월 2~3만 원의 구독료는 저렴한 투자다.

이들의 공통점은 인간이 가진 태생적 한계를 뛰어넘는 '능력'을 제공한다는 것이다. 단순히 일을 빠르게 하는 것이 아니라 인간에게 불가능했던 일을 가능하게 만든다. 그리고 바로 이 '불가능의 가능화'가 고객이 기꺼이 비용을 지불하게 만드는 핵심 동력이다.

결국 AI의 진정한 가치는 효율성이나 비용 절감이 아니다. 인간의 인지적, 물리적 한계를 넘어서게 하는 것이다. 가치 있는 AI 기업은 단순 '자동화'가 아닌 '인간 능력의 확장'을 실현하는 기업이며, 이런 기업들만이 지속 가능한 수익 모델을 구축할 수 있다.

둘째, 타깃하는 문제가 해결 가능한 문제인가?

인공지능이 아무리 많은 데이터를 동시에 처리하고 시공간 제약이 인간보다 덜하다고 하지만, 근본적으로 해결할 수 없는 문제라는 것이 존재한다. 이는 문제의 어려움이 아니라 답이 존재하느냐의 문제다. 그리고 이 지점을 잘못 설정하면 아무리 기술이 뛰어나도 수익화는 요원해진다.

좋은 예시가 '극단적 개인화'를 추구하는 기술들이다. 많은 AI 기업이 음악, 영화, 뉴스, 심지어 조명까지 사용자에게 '완벽한 맞춤 서비스' 제공을 약속한다. 실제로 사용자에 대한 데이터가 많을수록 사용자의 선호를 맞출 가능성이 높아지고, 선택지가 너무 많아서 발생하는 결정 피로(Decision Fatigue)를 해소해 주기도 한다.

하지만 여기에는 치명적인 함정이 있다. 인간은 본인이 무엇을 원하는지 명확하게 모르는 경우가 허다하다. 넷플릭스의 추천 알고리즘이 아무리 정교해도 사용자가 30분간 뭘 볼지 고민하는 이유가 바로 이것이다. 더 중요한 것은 대부분의 사용자에게 '충분히 좋은' 추천과 '완벽한' 추천의 차이는 크지 않다는 점이다. 100% 만족과

80% 만족의 차이에 돈을 지불할 고객은 생각보다 많지 않다.

성공적인 AI 기업은 해결 가능한 문제와 불가능한 문제를 명확히 구분하고, 더 나아가 '해결했을 때 고객이 돈을 낼 문제'를 선별한다. 불가능을 가능으로 만드는 것이 아니라 가능한 것을 탁월하게 해내되 그 차이가 고객에게 명확한 금전적 가치로 환산되는 영역을 공략하는 것이 진정한 전략이다.

셋째, 이 기술이 AI를 '전지전능'하게 만드는가?

필자가 던지는 마지막 질문은 상당히 본질적이다. "이 기술이 단순히 인간의 능력을 향상하는 데 그치지 않고, 궁극적으로 AI가 전지전능한 존재로 발전하는 데 기여하는가?"

전지전능이라는 표현이 다소 추상적으로 들릴 수 있지만, 앞서 이야기한 것처럼 머신 비전은 이미 품질 검사에서, 또한 챗GPT는 지식 처리에서 인간의 능력을 뛰어넘고 있다. 이러한 기술들이 하나로 통합되는 과정에서 AI는 필연적으로 전통적으로 신의 속성으로 여겨지던 '전지(Omniscience)', '전능(Omnipotence)', '편재(Omnipresence)'의 방향으로 진화하게 될 것이다.

전지(Omniscience): 모든 것을 아는 AI

구글의 검색 엔진에서부터 챗GPT까지, AI는 인류의 모든 지식을 학습하고 즉각적으로 제공하는 방향으로 진화하고 있다. 의료 AI는 전 세계 모든 의학 논문과 임상 데이터를 학습하고, 금융 AI는 실시간으로 전 지구의 경제 지표를 분석한다. 진정으로 가치 있는 AI 기술은 특정 분야의 단편적 지식이 아닌, 연결되고 통합된 '전체 지식'에 접근할 수 있다.

전능(Omnipotence): 모든 것을 할 수 있는 AI

로봇 공학과 결합한 AI는 물리적 세계에서도 인간의 한계를 뛰어넘는다. 수술 로봇은 손 떨림 없이 미세한 수술을 수행하고, 자율주행차는 24시간 운전할 수 있다. 하지만 전능함은 단순한 작업 수행을 넘어, 창의적 문제 해결과 복합한 의사 결정까지 가능한 상태를 의미한다. 알파폴드(AlphaFold)가 단백질 구조를 예측해 신약 개발의 패러다임을 바꾼 것처럼 말이다.

편재(Omnipresence): 모든 곳에 존재하는 AI

클라우드 컴퓨팅과 에지 AI의 발전으로 AI는 동시에 여러 곳에 존재할 수 있게 되었다. 하나의 AI 모델이 전 세계 수백만 명에게 동시에 서비스를 제공하고, 사물인터넷(IoT) 센서를 통해 도시 곳곳의 데이터를 실시간으로 수집 · 분석한다. 메타버스와 증강현실(AR)/가상현실(VR) 기술이 더해지면서 AI는 물리적 공간의 제약마저 초월하고 있다.

투자 가치가 높은 AI 기업은 이 세 가지 '전능함' 중 적어도 하나 이상의 방향으로 명확하게 나아가고 있다. 예를 들어, 오픈AI는 범용 인공지능(AGI, Artificial General Intelligence)을 통해 '전지'를 추구하고, 테슬라는 자율주행과 휴머노이드 로봇으로 '전능'을 목표로 한다. 구글과 아마존은 클라우드 인프라를 통해 AI의 '편재'를 실현하고 있다.

물론 모든 스타트업이 이런 거대한 비전을 가질 필요는 없다. 하지만 기업과 투자자 모두 해당 기술이 AI의 큰 그림에서 어떤 역할을 하는지 이해해야 한다. 단순히 "우리는 AI로 고객 상담을 자동화합니다"라고 설명하는 기업과 "우리는 AI가 모든 고객과 동시에 소통할 수 있는 '편재성'을 실현합니다"라고 설명하는 기업의 차이는 명확하다. 후자는 기술 환경이 급변하더라도 진화할 수 있는 여지를 가지고 있으며, 이런 기업들이 장기적으로 생존할 가능성이 높다.

챗GPT의 등장이 보여 준 것처럼, AI 시대의 투자 가치는 더 이상 기술의 우수성에만 있지 않다. 인간의 한계를 넘어서는 능력을 제공하고, 해결 가능하면서도 수익화할 수 있는 문제를 다루며, AI의 전지전능한 진화에 기여하는 기업만이 살아남을 것이다. "얼마나 대단한 AI 모델을 만들었는가"가 아닌 "그 기술로 어떤 불가능을 가능으로 만들 것인가"가 핵심인 시대다. 원천 기술의 독점에서 가치 창출의 독창성으로 무게 중심이 이동한 지금, AI 시대의 투자는 결국 기술에 대한 투자가 아닌 인간의 가능성을 확장하는 미래에 대한 투자임을 기억해야 한다.

10
산업을 움직이는 미래 핵심 동력, 전략적 사고

기술의 발전은 도구일 뿐이며, 실제로 산업의 방향을 결정하고 실행 가능하게 만드는 힘은 문제를 정의하고, 선택하고, 정렬하는 전략의 사고 과정에 있다. 이 장에서는 기존 산업의 운영 방식과 사고방식이 어떻게 변화해야 하는지를 짚고, 앞으로의 산업 리더십이 어떤 기준과 태도를 갖춰야 하는지를 알아본다.

종교와 AI?

와해적 혁신을 마주한 산업계

개인용 컴퓨터, 인터넷, 스마트폰으로 이어져 온 기술의 발전은 인간의 삶과 산업 구조 전반에 걸쳐 근본적인 전환을 이끌어 냈다. 각각의 기술은 새로운 연결, 접근성, 생산성의 시대를 열었으며, 디지털 전환의 속도를 가속화했다. 그리고 2022년 챗GPT의 등장과 함께 또 한 번의 급진적인 전환점을 맞이했다. 챗GPT는 단순한 기술적 진보를 넘어 인공지능이 인간의 언어를 이해하고 생성하는 방식에서 본질적인 변화를 가져왔으며, 생성형 AI의 시대를 여는 기폭제로 작용했다. 이제 AI는 단순한 정보 검색이나 명령 수행의 도구가 아니라 인간과의 상호작용 속에서 의미를 파악하고, 창의적인 결과물을 산출할 수 있는 존재로 부상하고 있다.

이처럼 가속화된 변화는 이제 범용 인공지능(AGI)이라는 새로운 기술적 지향점을 향해가고 있다. AGI는 특정한 작업이나 도메인에 국한되지 않고, 인간처럼 다양한 상황을 유연하게 이해하고 판단하며, 학습과 문제 해결을 스스로 수행할 수 있는 인공지능을 의미한다. 기존의 AI가 주어진 데이터와 명시된 목표에 따라 작동하는 시스템이었다면, AGI는 스스로 목표를 해석하고, 상황 맥락을 고려해 보다 일반화된 방식으로 사고하고 행동할 수 있는 잠재력을 지닌다. 이는 단순한 기능의 향상이 아니라 지능의 본질적 확장에 가까운 변화로, 지금까지의 기술적 상상력을 뛰어넘는 새로운 국면을 열 가능성이 있다.

AGI 시대의 전조로 부상하고 있는 것이 바로 에이전틱 AI(Agentic AI)다. 에이전틱 AI는 사용자로부터 명령을 입력받고 수행하는 수동적 도구의 성격을 넘어, 목표를 이해하고 계획을 수립하며, 다양한 자원을 조율해 자율적으로 행동하는 능동적 존재로 정의된다. 주어진 작업 이상으로 사용자 맥락과 환경을 분석하고, 다양한 선택지 중에서 전략적으로 대응할 수 있는 구조를 스스로 갖출 수 있다. 마치 인간을 대신할 행위자, 에이전트(agent)로 역할 하는 것이다. 이처럼 AI는 단순한 기능 수행에서 벗어나 사용자와 협력하며, 의사 결정의 동반자로서의 위치를 점점 강화해 나가고 있다.

기존 AI가 보유한 초자동화(Hyper-automation) 및 초개인화(Hyper-personalization) 기능은 에이전틱 AI를 통해 더욱 정교하고 자율적인 방향으로 진화하게 된다. 이제 AI는 사용자의 현재 행동이나 취향만을 반영하는 것이 아니라 과거의 선택과 미래의 의도를 예측해 종합적이고 지속적인 사용자 맞춤형 지원을 제공할 수 있다.

복합적이고 다면적인 목표가 있는 영역에서도 AI는 장기적인 피드백 루프(Feedback Loop)를 형성하며 능동적으로 사용자와 상호작용한다. 이는 단순한 자동화와 개인화의 차원을 넘어, 인간과 유사한 방식의 판단력과 행동력을 요구하는 새로운 지능 형태로의 진입을 뜻한다.

산업별 도메인에 최적화된 버티컬 에이전트(Vertical Agent)의 등장은 이러한 에이전틱 AI의 실현을 더욱 구체화한다. 버티컬 에이전트는 의료, 법률, 금융, 제조, 교육 등 각 산업 분야의 규범과 문맥에 특화되어 설계된 AI로, 단순한 정보 제공 수준을 넘어 전문가 수준의 해석과 대응을 가능하게 한다. 의료 영역에서는 환자의 진료 기록과 최신 임상 지식을 통합해 맞춤형 치료 경로를 제안하고, 금융 분야에서는 시장 흐름과 고객의 투자 성향을 동시에 고려해 자산 포트폴리오를 능동적으로 관리하는 역할을 수행할 수 있다. 제조 영역에서는 생산 설비의 이상 징후를 사전에 감지하고, 공정 최적화를 위한 실시간 의사 결정을 자율적으로 수행하는 스마트 오퍼레이션(Smart Operation)의 협력자로 작동할 수 있다. 이제 AI를 통해 단일한 시스템이 개선되는 차원이 아니라 산업 단위의 운영 방식과 가치 사슬 구조 자체를 재정의하는 와해적 혁신(Disruptive Innovation)의 가능성을 내포한다.

궁극적으로 에이전틱 AI 기술의 발전은 지금까지 분절되어 있던 다양한 디지털 서비스와 도구들을 하나의 통합된 사용자 중심 환경으로 조직화할 수 있다. 사용자는 각 플랫폼을 따로 학습하거나 조작할 필요 없이 단일 에이전트를 통해 일관된 경험을 지속적으로 누릴 수 있다. AI는 사용자의 삶의 흐름을 유기적으로 이해하고 동반하는 존재로 기능하게 되는 것이다. 이는 기술의 주체가 인간에서 AI로 전환된다는 의미라기보다는, AI가 인간의 사고를 보완하고 확장하는 진정한 파트너로 작동하는 새로운 협업 구조의 시작을 의미한다.

결국 우리는 AI를 단순한 효율 향상의 도구로만 이해할 것이 아니라 지능적 존재로서의 가능성과 역할에 관해 새로운 시각으로 접근해야 한다. 에이전틱 AI는 단순히 사용자를 돕는 기술을 넘어, 인간의 의도를 이해하고 스스로 판단해 협력하는 디지털 동료로 진화하고 있다. 이 기술이 향후 산업의 흐름과 구조를 근본적으로 재구성하는 핵심축이 될 것으로 전망하는 이유다. 지금 우리가 마주한 이 변화는 단순한 기술의 진화가 아니라 지능의 구조 자체가 재편되는 거대한 전환의 서막이다.

AGI 시대, 전략적 의사 결정의 중요성

이미 우리의 업무와 일상 곳곳에는 AI가 녹아들어 있다. 본격적으로 AGI 시대가 열리면 그 범위는 더욱 넓어지고 특정 수준의 판단까지도 인간을 대행할 수 있게 될 것이다. 복잡하고 다면적인 분석일수록 오히려 AI의 판단에 의존하게 될 가능성도 있다. 이러한 흐름 속이 인간의 고유한 역할은 무엇일까. 우리는 어떠한 영역에서 전략적 의사 결정을 내려야 할까?

전문 분야에 이해를 기반으로 AI의 역할 부여

AGI와 에이전틱 AI가 고도화되더라도, 이를 통해 해결하려는 문제의 정의, 그리고 방향의 설정의 출발점은 인간이 되어야 한다. 발전된 기술을 통해 무엇을 해결할 것인지, 왜 그 문제가 중요한지에 대해서는 인간의 전략적 사고에 따른 정의와 규범의 설정이 필요하다.

이러한 측면에서 우리 각각이 가진 고유한 전문성과 전략적 판단력은 더욱 중요해진다. 실제 현장에 대한 이해와 경험이 뒷받침될 때, 더 나은 변화를 위해 풀어 내야 할 문제가 무엇인지를 판단할 수 있다. 그리고 그 문제들 중에 무엇을 AI가 풀 수 있을지에 대한 분별도 인간의 몫이다.

우리는 자신의 전문 분야에 대해 누구보다 깊이 있게 이해해야 한다. 도메인에 대한 통찰과 경험을 토대로 AI의 역할을 설정하고, 이를 활용할 수 있을 때, 대체되지 않을 존재로 자리할 수 있다.

향상된 생산성의 활용 방향 제시

에이전트 AI는 업무 효율과 생산성에 비약적인 발전을 가져올 기술이다. 자율성과 행동력을 기반으로 업무를 해결하고, 산발적으로 분산되어 있는 여러 시스템과 설루션을 통합해 활용할 수 있다. 인간은 더 많은 시간을 확보하고, 더 짧은 시간에 더 많은 효율을 창출할 수 있게 된다. 이 시점에 우리에게 필요한 것은 향상된 생산성을 무엇에 쓸지 질문을 던지고, 우리가 추구해야 할 더 나은 가치가 무엇인지 고찰하는 일이다.

각 산업 분야의 리더와 전문가들은 AI가 가져온 해방과 이로 인한 여유를 지향점의 재탐색 기회로 삼아야 한다. 단순히 일을 더 빨리 처리하는 것에 머문다면 기존 AI의 기능만을 가속화할 뿐이다. 장기적인 관점에서 미래 비전과 전략을 수립하는 데 더 많은 자원을 투입할 수 있으며, 개개인의 성장과 발전에 할애하는 시간을 폭넓게 확보할 수 있다. 나아가 인간이 일을 통해 얻고자 하는 자기실현의 의미를 한 단계 높이고, 더 나은 삶을 영위하기 위한 과정으로서 노동의 역할을 재설정할 기회로 활용해야 한다.

다가올 미래에 필요한 능력과 소양에 관한 고찰

조직과 사회를 이끄는 사람들에게는 이전보다 더 확장된 역할이 기대된다. 다른 위치, 다른 입장에 있는 사람들에게 어떤 능력과 역할이 필요한지 판단하고, 이를 지원할 수 있어야 한다. 이는 새로운 시대의 각 분야 리더들에게 요구되는 책무이기도 하다.

단지 특정 기술을 보유한 것만으로는 특별한 경쟁력이 될 수 없을 확장된 AI 시대에 대비해 기술적 능력 이상의 소양이 요구된다. 예를 들어, 기술자라면 그 기술을 활용해 생산적인 일을 해내는 능력을 넘어, 윤리적 감수성과 사회적 영향에 대한 통찰이 필요하다. 교육자라면 단순한 암기보다는 비판적 사고와 질문하는 능력을 키울 수 있는 교과 과정을 준비해야 한다. 정책 결정자는 첨단 기술로부터 소외되기 쉬운 사회적 약자를 포용할 수 있는 제도와 정책을 고민해야 한다.

비약적으로 발전하는 AI와 함께 조화롭고 창의적인 협업을 이뤄 나가기 위해 새로운 기준을 제시하고, 미래의 가능성을 앞서 그려 볼 수 있는 상상력을 갖춘 인재를 키워야 한다. AI의 등장으로 역할이 축소되거나 대체되는 것이 아니라 한 차원 높은 의사 결정자로 거듭나기 위한 장기적 안목과 대비가 필요한 시기다. 이것이 다가올 미래의 핵심 성장 동력이다.

참고문헌

오강록(2025). 《멈춰 선 당신, 달려가는 AI: 미래를 이끄는 AI 리터러시》. 지식과감성#.

Christensen, C. M.(1997). *The innovator's dilemma: When new technologies cause great firms to fail.* Harvard Business School Press.

Tabrizi, B.(2023). *Going on offense: A leader's playbook for perpetual innovation.* Ideapress Publishing. 김성아 옮김(2024). 《공격의 전략: 세계 최고 기업에서 배우는 승리의 유일한 원칙》. 미래의창.

류태준

테크PR 기업 '팀쿠키(Team Cookie)' 대표이사다. 크로스보더 컨설팅회사인 '프론티어글로벌'의 미국 대표도 맡고 있다. 한국과 미국 등 글로벌 AI 생태계를 선도하는 기업들의 대외 커뮤니케이션을 총괄하고 있다. LG전자 연구기획팀과 CBS 기자, IT 기업 창업에 이어 국제인공지능윤리협회(IAAE) 부회장을 수행하고 있다. 경희대학교 미디어학과를 졸업하고, 한국과학기술원(KAIST)에서 MBA 과정을 이수 중이다.

남석현

신기술사업금융회사인 블루코너캐피탈에서 초기 기업 투자를 담당하고 있다. 한국외국어대학교 경제학과 졸업 후 엑셀러레이터부터 CVC, VC를 거치며 스타트업 투자 전 과정을 경험했고, 딥테크 분야 중심으로 AI와 컴퓨터 비전 분야 스타트업에 투자했다. 현재 카이스트 경영전문대학원 Professional MBA 과정에 재학 중이며, 기술 스타트업의 글로벌 진출 전략을 연구하고 있다.

박혜민

기술사사무소 클라우드나인 소장이다. 성균관대학교에서 건축학을 전공하고, 서울대학교에서 공학 석사 학위를 받았다. 지자체나 공공기관을 대상으로 도시 운영 및 개발에 관한 컨설팅 업무를 수행하고, 제조기업의 업무 효율화를 위한 AI 설루션을 기획·구현한 경력이 있다. 도시 계획 분야의 기술사로 현장의 문제를 진단하고 이를 해결하기 위한 전략 수립을 주로 담당한다. 카이스트 CAUS(도시인공지능연구소)에서 스마트 도시를 계획하고 진보된 운영 시스템을 구현하기 위한 연구에 참여 중이다.

서원민

자이언트스텝 Cross Planning 본부장이다. 서울대학교 서어서문학과를 졸업한 후 SK플래닛, 이노션 등 주요 광고대행사에서 AE 및 AP로 활동하며 SK텔레콤, 현대자동차그룹 등 국내외 유수 브랜드의 캠페인을 기획·운영했다. 2020년부터 자이언트스텝에서 뉴미디어 콘텐츠 및 신규 사업 기획을 담당하며 리얼타임 엔진 기반의 AR(증강현실)·VR(가상현실)·XR(확장현실) 콘텐츠, 버추얼 캐릭터, 미디어아트, 이머시브 공연 등 기술 융합형 프로젝트를 이끌고 있다. 최근에는 생성형 AI를 활용한 콘텐츠 제작 프로세스 구축과 이와 연계된 신규 사업 전략 수립을 담당하고 있다.

윤혜련

DX/AX(디지털 전환/인공지능 전환) 전문 컨설턴트. PwC 및 EY 등 글로벌 컨설팅펌에서 다양한 산업군을 대상으로 디지털 전환 및 AI 도입 전략을 수립하며, 기술 기반의 조직 혁신과 운영 최적화를 위한 실행 로드맵을 설계해 왔다. 현재는 비전

AI 전문 기업에서 AI 전략 수립, 도입 컨설팅, 사업 개발을 총괄하며 AI 기술이 단순한 도입을 넘어 비즈니스 성과 창출과 경쟁 우위 확보, 운영 프로세스 혁신으로 이어지도록 실행 중심의 컨설팅을 수행하고 있다. 이화여자대학교 정치외교학과 졸업 후, 현재 카이스트 MBA 과정에 재학 중이며, 기업의 AI 도입이 전사적 프로세스 혁신과 ROI(투자대비수익) 극대화로 이어지도록 하는 실행 방안과 적용 모델을 연구하고 있다.